La Gestión Profesional de Ventas

Luis Antúnez Gordillo

ÍNDICE

INTRODUCCIÓN A LAS VENTAS 8

    El Mercado 12
    La Pirámide de Necesidades de Maslow 18
    El Compuesto de Marketing 18
    El Modelo de los 4 puntos 20
    El Entorno Variable del Marketing 21
    La Gestión de las Ventas 21
    La Organización del Departamento de Ventas 23
    El Gerente de Ventas 23
    La Evolución de los vendedores 25
    Las Cualidades de un Vendedor 25

EL CONSUMIDOR 27

EL COMPORTAMIENTO DEL CONSUMIDOR 28
    La Motivación 29
    El Consumidor y el Comprador 32
    El Proceso de Decisión de Compra 33
    El Comportamiento durante la Compra 34
    La Importancia en la Gestión de las Ventas 36
    Objetivos de un Gerente de Ventas 36
    Misión 36
    Objetivos y Metas 36
    Estrategias y Tácticas 37
    Estilos de Liderazgo 37
    LIDERAZGO AUTOCRÁTICO 38
    LIDERAZGO DEMOCRÁTICO 38
    LIDERAZGO LIBRE 39

ISBN: 978-1503258815

PLANIFICACIÓN DE LAS VENTAS 42

Etapas de la Planificación 42
El Plan de Ventas 44
El Mercado Potencial 46
La Previsión de Ventas 47
Preparación de la previsión de ventas 49
Los Territorios en las Ventas 50
VENTAJAS 50
DESVENTAJAS 50
DETERMINACIÓN DE LOS TERRITORIOS 51
Etapas para un División Territorial 51
Las Rutas comerciales 52
El Presupuesto en las Ventas 52
Las Cuotas de Mercado 53
La segmentación del mercado 53
Las Variables de Segmentación y las Dimensiones 54

LA DISTRIBUCIÓN EN LAS VENTAS 56

Los Canales de Distribución 56
FACTORES QUE INFLUYEN EN LA TOMA DE DECISIONES EN LOS CANALES DE DISTRIBUCIÓN 58
DISTRIBUCIÓN DE INTENSIDAD 60
VENTAJAS DE LOS CANALES DE DISTRIBUCIÓN 60

LA LOGÍSTICA EN LAS VENTAS 62

VENTAS AL POR MENOR 63
VARIABLES CONTROLADAS DE LA VENTA AL POR MENOR 65
MAYORISTAS (AL POR MAYOR) 66

ISBN: 978-1503258815

SELECCIÓN DE LA FUERZA DE VENTAS 68

EL RESPONSABLE DE RECURSOS HUMANOS **68**
EL TIPO DE VENDEDOR **69**
LOS DIVERSOS TIPOS DE VENDEDORES............................70
EL PROTOTIPO DE VENDEDOR **71**
LA ESTRUCTURA DE LA FUERZA DE VENTAS **72**
CÓMO SELECCIONAR AL CANDIDATO ÓPTIMO **72**
FACTORES CUANTITATIVOS..72
RASGOS DEL CARÁCTER..72
LA MOTIVACIÓN EN EL CARGO 73
EJEMPLO DE PERFIL DEL CANDIDATO 73
TAREAS DEL VENDEDOR 75
LA CONTRATACIÓN DE VENDEDORES **78**
DESCRIPCIÓN DEL PUESTO DE TRABAJO 78

EL RECLUTAMIENTO 81

LAS FUENTES DE RECLUTAMIENTO.....................................**81**
EL PROCESO DE SELECCIÓN...**81**
ETAPAS EN EL PROCESO DE SELECCIÓN **82**
ANÁLISIS DE LA DOCUMENTACIÓN 82
ENTREVISTAS PRELIMINARES 83
ANÁLISIS DE REFERENCIAS DEL CANDIDATO 83
LOS TESTS PSICOLÓGICOS..84
LA ENTREVISTA 84
EL EXAMEN MÉDICO 85

CAPACITACIÓN PARA LAS VENTAS 86

LA IMPORTANCIA DE LA FORMACIÓN **87**
ANÁLISIS DE LAS NECESIDADES 89
LOS OBJETIVOS DEL PROGRAMA DE FORMACIÓN 89

ISBN: 978-1503258815

EL TIPO DE FORMACIÓN 89
PLANIFICACIÓN DEL PROGRAMA 91
PROGRAMA DE EVALUACIÓN 93
FORMACIÓN PARA FORMADORES **93**
MÉTODOS DE FORMACIÓN **94**
CLASES MAGISTRALES 94
DEBATES 95
SIMULACIÓN 96
OTROS MÉTODOS 96
PUNTOS A DESTACAR EN UNA FORMACIÓN DE VENTAS **97**

LA MOTIVACIÓN 99

EL CICLO DE LA CARRERA DEL VENDEDOR **100**
TIEMPO 100
FACTORES QUE MEJORAN LA MOTIVACIÓN **102**
EL PLAN DE CARRERA **102**
PLAN DE BENEFICIOS 103
PLAN DE EVALUACIÓN DEL RENDIMIENTO 103

EL PLAN DE CARRERA 107

PROGRESIÓN DE LA CARRERA DEL VENDEDOR **108**
FACTORES QUE AFECTAN A LA MORAL DE LOS VENDEDORES
.... **108**
VENTAS TÉCNICAS **109**
REQUISITOS DE UN VENDEDOR RESPONSABLE 110
GESTIÓN DEL TIEMPO 110

EL PROCESO DE VENTAS 112

LA BÚSQUEDA Y ANÁLISIS DE CLIENTES **112**
ABORDAR AL CLIENTE **113**

ISBN: 978-1503258815

LA PRESENTACIÓN EN LAS VENTAS 114
CÓMO TRATAR LAS OBJECIONES 114
EL CIERRE DE LA VENTA 115
DESPUÉS DE LAS VENTAS 116

TIPOS DE VENTAS 117

ESTÍMULO-RESPUESTA 117
ESTADO MENTAL 117
SATISFACCIÓN DE LAS NECESIDADES 117
SOLUCIÓN DE PROBLEMAS 118

EL CONTROL DE VENTAS 119

MÉTODOS PARA EL CONTROL 119
LA AUDITORÍA DE LAS VENTAS 120
EL ANÁLISIS DE LAS VENTAS 121
VENTAS TOTALES 121
VENTAS POR CLIENTE 122
VENTAS POR TERRITORIO 123
ANÁLISIS DE COSTES 123
CORREGIR ERRORES 124

EL SERVICIO DE ATENCIÓN AL CLIENTE 125

ACTIVIDADES DEL SERVICIO DE ATENCIÓN AL CLIENTE 125
LA OPTIMIZACIÓN DEL SERVICIO DE ATENCIÓN AL CLIENTE
.... 128
LA SATISFACCIÓN DEL CLIENTE 129

TÉCNICAS DE VENTAS 134

ISBN: 978-1503258815

EL MARKETING DIRECTO 134
EL BUZONEO 136
EL TELEMARKETING 137
EL E-MAIL MARKETING 139
EL MARKETING TRADICIONAL Y EL MARKETING MODERNO
....141

BIBLIOGRAFÍA 145

EL AUTOR 146

ISBN: 978-1503258815

INTRODUCCIÓN A LAS VENTAS

Es importante diferenciar las definiciones de marketing y de ventas para delimitar el alcance de este libro. El Marketing no son ventas. Tal vez por ser una de las partes más visibles del marketing, las ventas, así como la propaganda, se confunden con el significado de marketing.

Las ventas y la propaganda forman parte de lo que se conoce como marketing, el Marketing fue definido por Kotler (2000) como "un proceso social y de gestión por el cual individuos y grupos obtienen lo que necesitan y quieren a través de la creación, oferta y cambio de productos y valores con otros". O sea, se trata de un proceso que tiene como objetivo satisfacer las necesidades de las partes a través de los cambios. Una persona compra ropa porque necesita de esta y el vendedor necesita del recurso económico para viabilizar su negocio, por citar un proceso de cambio simple.

La American Marketing Association (AMA) trae una definición gerencial para el marketing, diciendo que estos valores son ofrecidos por la parte vendedora principalmente a través de la configuración (el acto de "diseñar" el objeto - el producto, la embalaje, la marca, los servicios ofrecidos), de la valoración (estableciendo el cambio que tengamos para el objeto - el precio), de la simbolización (asociación a determinados significados a través de la comunicación) y finalmente a través de la facilitación (alterando la accesibilidad del objeto - el punto-de-venta, o canales de distribución). Son las llamadas variables controlables de marketing: el producto, el precio, la comunicación y la distribución.

Dentro de los esfuerzos de comunicación que una empresa puede establecer, la literatura básica de marketing clasifica las ventas personales como una de las herramientas de comunicación disponibles, junto de otras como la propaganda, marketing directo, relaciones públicas y promoción de ventas, es decir, las ventas personales son una de las formas de la empresa que tiene para llevar su mensaje a los grupos de consumidores anhelados por esta.

Otro punto conceptual importante es que la literatura especializada en los canales de distribución clasifica las ventas personales como un formato de canal de distribución, es decir, estos son los agentes responsables de llevar los productos de los fabricantes a los clientes, haciéndolos disponibles. Por ejemplo, Coughlan clasifica a los vendedores de fabricantes como un canal de distribución directo basado en el fabricante. Ya en el caso de los representantes de venta, estos clasifican como agentes de venta, que pueden ser basados en fabricantes, a los vendedores orientados a la venta retallista o al por menor.

Las definiciones de ventas de a continuación muestran que la comunicación es una acción muy importante para las ventas. La venta personal es definida por Weitz como un proceso de comunicación personal en la que un vendedor identifica y satisface las necesidades de un comprador para el beneficio a largo plazo de ambas partes. Según Czinkota, la venta personal es la comunicación verbal directa concebida para explicar cómo los bienes, servicios o ideas de una persona o empresa sirven a las necesidades de uno o más clientes potenciales. El proceso de comunicación está es la esencia de una venta, sin embargo su papel puede ser el de un canal de comunicación o distribución o ambos, como en la mayoría de las veces.

Para Rogers, la venta personal es el lado acentuado del marketing; porque es cuando los representantes de la empresa están frente el frente con los potenciales compradores. La fuerza de ventas funciona como un puente entre la empresa y los clientes. El vendedor es la imagen de la empresa para muchos de sus clientes, ya que la imagen está fuertemente asociada. La verdadera diferencia está relacionada con el papel que la fuerza de ventas puede tener en una empresa.

Sin embargo, se debe tener en cuenta que los mercados industriales comya quetos por otras empresas o instituciones se caracterizan por un número más pequeño de compradores y normalmente están concentrados geográficamente, si los comparamos con las empresas que venden a consumidores finales - vendedores de productos de consumo como alimentos y electrodomésticos. Eso hace más viable y eficaz el uso de vendedores para la realización de ventas en vez de realizar telemarketing o marketing por internet.

ISBN: 978-1503258815

Normalmente son bastantes y diversos los participantes que influencian en la decisión final de la compraventa de equipamiento por una empresa, por ejemplo. Eso demanda la atención de la empresa vendedora para poder identificar a esos participantes y atender a las diversas y diferentes expectativas, muchas veces desarrollando relaciones fundamentales con estos agentes influenciadores. Esos papeles pueden ser realizados por los vendedores. Por lo tanto, en los procesos de compraventas más complejos, sobre todo en los mercados industriales (también llamados de business-to-business) el papel de un vendedor es fundamental.

De esa forma, en el marketing industrial (el marketing practicado por empresas que venden a otras empresas), las ventas personales reciben una importancia muy grande, haciendo mucho más que utilizarla como una simple herramienta de comunicación o un formato de canal de distribución, siendo como una quinta variable del comya queto de marketing de las empresas. En esos casos, muchas veces la planificación de ventas gana en importancia e influencia al ser comparado aisladamente a la planificación de comunicación o a la distribución.

La función de las ventas llega a recibir del 1 a 40% de la inversión destinada a las ventas de una empresa. Aproximadamente el 12% de las personas empleadas en el mundo trabajan en funciones de venta. Además de eso, la necesidad de aumentar la fidelización de clientes valiosos ha hecho que las estrategias de ventas personales sean utilizadas en conjunto con programas de relaciones con clientes y automación de ventas, como los programas de Customer Relationship Management (CRM).

Finalmente, una vez considerada la fuerza de ventas como una variable del comya queto de marketing, es fundamental que la fuerza de ventas esté totalmente integrada con los otros elementos del marketing mix (producto, precio, comunicación y distribución) para producir el mayor beneficio posible.

El Mercado

Las empresas no existen en el vacío, ni son absolutas o autosuficientes. Estas están insertadas en un entorno del cual forman parte y del cual dependen para funcionar y existir. El entorno es todo lo que existe alrededor de las empresas, es decir, fuera de las empresas. Es todo lo que circunda externamente a las empresas. Es el entorno en el que las empresas obtienen sus recursos y sus insumos y es donde colocan el resultado de sus operaciones: sus productos o servicios. El entorno suministra los recursos e insumos que necesitan las empresas y es el entorno el que asume los productos o servicios que las empresas producen y ofrecen. Es en el entorno donde existen los mercados.

La palabra mercado servía antiguamente para indicar el local físico donde las personas se reunían para efectuar transacciones y negocios, es decir, para vender y comprar mercancías o servicios. En la actualidad, la palabra mercado significa más que simplemente un local físico. La palabra mercado puede comprender una comunidad, una región, un país, un continente, o el mundo entero, conforme al asunto que sea tratado. Así, la palabra mercado comprende un aspecto de espacio. Pero, además del aspecto espacio, el mercado está fuertemente influenciado por variable tiempo: el mercado de helados, en cualquier lugar, se comporta de una manera en el verano y de otra en el invierno. El mercado de trabajo es más tranquilo en el primer trimestre de cada año y se hace más dinámico y agitado en el último trimestre. Así, el mercado sufre influencias con el tiempo. Podemos concluir que el mercado diferencia el tiempo y en el espacio. El mercado envuelve transacciones entre vendedores (que ofrecen bienes o servicios) y compradores (que buscan bienes o servicios), es decir, entre la oferta y la búsqueda de bienes o de servicios.

De acuerdo con la oferta y demanda, el mercado puede presentarse en tres situaciones, como vemos a continuación:

1. Situación de oferta: cuando la oferta es mayor que la demanda. En esta situación, los precios tienden a bajar, debido a la competencia entre los vendedores, ya que la oferta de bienes o servicios es mayor de la que buscan los consumidores.
2. Situación de equilibrio: cuando la oferta es igual a la demanda. En esta situación, los precios tienden a estabilizarse.
3. Situación de demanda: cuando la demanda es mayor que la oferta. En esta situación, los precios tienden a subir, debido a la competencia entre los

compradores, ya que la demanda de bienes o servicios es mayor que la oferta existente.

Las empresas que se introducen mercados en situación de oferta se enfrentan a muchas otras empresas que pretenden colocar productos idénticos a los suyos en el mercado. La competencia se realiza entre las empresas vendedoras de sus productos. Como hay exceso de empresas vendiendo sus productos y escasez de clientes o consumidores para comprar todo el volumen de productos ofertados, ocurre una bajada de precios como forma de competencia. En este caso, las empresas reducen sus márgenes de beneficio y se ven obligadas a reducir sus costes de producción para ofrecer los productos a un precio más bajo del que ofrecen sus competidores. A la vez, las empresas necesitan reforzar su organización de ventas, intensificar la publicidad de los productos y ofrecer promociones de ventas. Por otro lado, las empresas que se introducen en mercados en situación de demanda se enfrentan un problema inverso. No hay competencia de otras empresas vendedoras del mismo producto. Al contrario, existe la competencia entre los clientes y consumidores para comprar los productos que no son suficientes para atender a todos los compradores. Como hay escasez de productos y exceso de compradores, la empresa puede elevar su margen de beneficio aumentando los precios del producto, reduciendo su organización de ventas, reduciendo los gastos de promoción y publicidad. Todo esto se debe realizar con cuidado para no desgastar la imagen de la empresa, y para evitar la entrada de otras empresas en el mercado.

Tipos de Mercado

En todo mercado existen los vendedores (que ofrecen bienes o servicios) y los compradores (que buscan bienes o servicios). Pero existen también los competidores, que ofrecen los mismos bienes o servicios a los compradores.

Los vendedores son las empresas, mientras los compradores son los clientes, consumidores o usuarios. Los competidores son las empresas que compiten entre sí disputando el mismo mercado de consumidores o compradores. Dentro de ese marco, el mercado puede ser clasificado, conforme a su dinamismo, en: mercado estable y mercado inestable. El mercado estable es el mercado que sufre pocas variaciones a lo largo del tiempo. Es un mercado conservador y tranquilo en el cual las empresas casi no modifican sus productos o servicios, los consumidores casi no cambian sus necesidades ni sus hábitos de compraventas, y rara vez los competidores modifican sus productos y estrategias. En otras palabras, las empresas venden siempre los mismos productos o servicios, los consumidores casi nunca cambian, y los competidores son siempre los mismos y hacen siempre los mismos productos o servicios. Es un mercado que permite previsiones a largo plazo, programaciones fáciles y ofertas de bienes o servicios con ciclos de vida duraderos. La estabilidad proporciona un grado de certeza correcta y de previsibilidad, ya que los cambios son pequeños. El mercado inestable es el mercado que sufre grandes variaciones el tiempo. Es un mercado mutable, agitado y turbulento, en el cual las empresas necesitan, constantemente, modificar sus productos o servicios, ya que los consumidores cambian rápidamente sus necesidades y sus hábitos de compraventas, mientras los competidores modifican sus productos y servicios y sus estrategias en cada momento. Como esos cambios suceden rápidamente, sin que se sepa exactamente lo que está sucediendo, el mercado se hace mutable e imprevisible, sujeto a modificaciones bruscas, rápidas y radicales. Los bienes o servicios ofertados necesitan tener un ciclo de vida extremadamente corto y rápido. En realidad, el mercado estable y el mercado inestable constituyen extremos de un continuo. Entre esos dos extremos existe una enorme variedad de situaciones intermediarias. Además de la clasificación en cuanto a su dinamismo, el mercado también puede ser clasificado, conforme su grado de diversidad, en mercado homogéneo y mercado heterogéneo.

El mercado homogéneo es el mercado constituido por empresas cuyos productos o servicios presentan características semejantes, donde los consumidores también se asemejan en cuánto a sus características, así como los competidores. La homogeneidad consiste en el hecho de que, para la empresa vendedora, todos los clientes pueden ser tratados de la misma manera, ya que tienen necesidades semejantes, y todos los competidores adoptan estrategias iguales. La homogeneidad del mercado permite que la empresa adopte una única postura en relación a la totalidad de sus clientes y de sus competidores.

El mercado heterogéneo es el mercado constituido de empresas que venden productos o servicios variados y diferentes, consumidores con características y necesidades diferente, y competidores desarrollando estrategias diferenciadas y variadas. La heterogeneidad del mercado exige diferentes posturas en relación a los clientes y competidores y la oferta de líneas diferenciadas de productos y servicios. De la misma forma, el mercado homogéneo y el mercado heterogéneo constituyen dos extremos de un continuo, dentro del cual pueden existir varios grados intermediarios. En la realidad, la estabilidad y la inestabilidad constituyen dos extremos de un continuo que puede presentar varias características intermediarias entre los extremos. De la misma forma, la homogeneidad y heterogeneidad también constituyen dos extremos, entre los cuales ocurren varias graduaciones intermediarias. Dicho en otras palabras, no existe un mercado totalmente estable o totalmente inestable, pero si situaciones intermedias entre estos extremos. De igual manera, podemos referirnos al mercado totalmente homogéneo.

La venta no es una actividad aislada, ya que depende de una estrategia de marketing bien diseñada, que incluye: producto, precio, publicidad y sistema de distribución.

El marketing es el área que involucra a todas las actividades relacionadas con el proceso de cambio, orientado a la satisfacción de *deseos y necesidades* de los consumidores para alcanzar sus objetivos de negocio y siempre teniendo en cuenta el entorno de funcionamiento y el impacto que estas relaciones tienen sobre el bienestar de la sociedad.

La Pirámide de Necesidades de Maslow

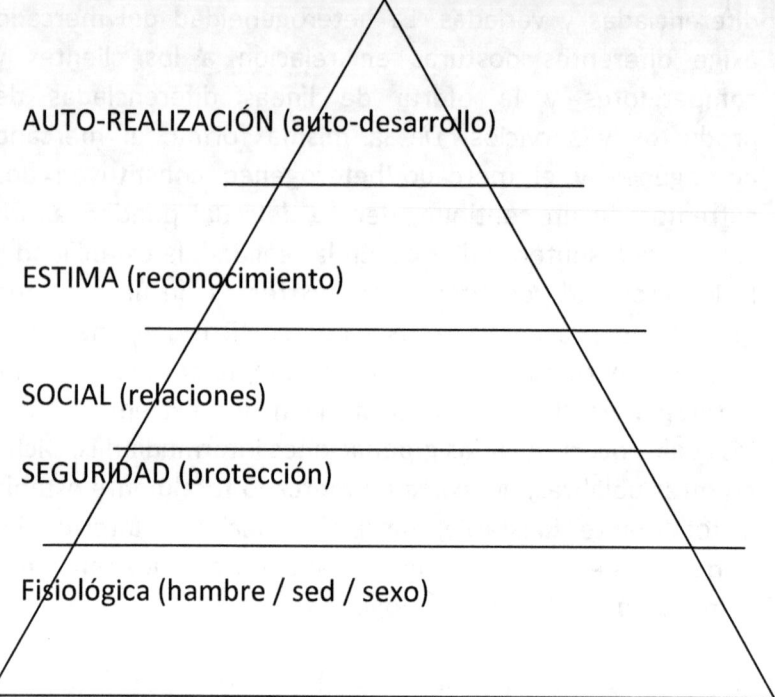

El Compuesto de Marketing

El compuesto de marketing lo forman:

- PRODUCTO:
    - prueba y desarrollo Producto
    - calidad
    - diferenciación

- o embalaje
- o marca
- o servicios
- o soporte técnico
- o depósito
- o embalaje

- **PRECIO:**
    - o fijación de precios
    - o métodos para la fijación de precios
    - o Descuentos especiales por cantidad
    - o condiciones de pago

- **DISTRIBUCIÓN:**
    - o transporte
    - o almacenamiento
    - o centro de distribución
    - o logística

- **PROMOCIÓN:**
    - o Publicidad
    - o publicidad
    - o promoción de ventas
    - o personal de venta
    - o relaciones públicas
    - o merchandising

El Modelo de los 4 puntos

El modelo de los 4 puntos se compone de:

- ANÁLISIS: Tiene como objetivo identificar las interacciones entre la empresa y el mercado a través de la investigación y el uso de SIM.
- ADAPTACIÓN: Proceso de ajuste de los productos/servicios en el entorno.
- ACTIVACIÓN: Representado por distribución, logística, personal de ventas y el mix de comunicación.
- EVALUACIÓN: Es el control de los resultados obtenidos por el esfuerzo de comercialización.

El Entorno Variable del Marketing

1.1

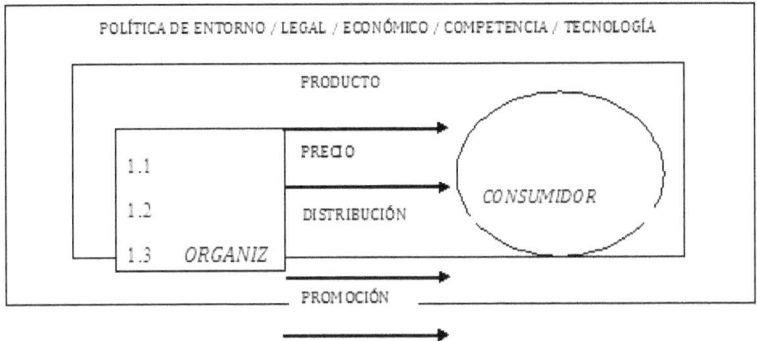

La Gestión de las Ventas

Es la planificación, dirección y control del personal de venta, incluido el reclutamiento, la selección, la formación, la delegación, la determinación de rutas, supervisión, remuneración y motivación, ya que estas tareas se aplican a la fuerza de ventas. Otras tareas que se desempeñan en la administración de las ventas son:

- Descripción de las funciones del personal de venta: Sustitución de las peticiones de los asegurados por el asesor de ventas.
- Determinar el papel estratégico de la función de ventas: Para secuenciar las estrategias de marketing y ventas.
- La configuración de la organización de ventas: Establecer los criterios para la estructuración de la fuerza de ventas.
- Desarrollo de la fuerza de ventas: Definir el perfil del vendedor y un programa de formación.
- Dirigir la fuerza de ventas: El establecimiento de objetivos y metas de ventas. Utilizando teorías de la motivación, técnicas de liderazgo y marketing de incentivos.
- Determinación del modelo para evaluar el desempeño de la fuerza de ventas: Realizar auditorías periódicas de las ventas, para medir la efectividad de la venta en su conjunto.

Las influencias en la actividad de las ventas de distinguen de las que son internas y externas:

- INTERNA:
    - Compuesto de Marketing
    - Recursos de la Empresa
    - Actitud de Administración
    - Ubicación del Departamento de Ventas de la Organización
- EXTERNA:
    - Competencia
    - Minorista

- Gobierno
- Economía
- Tecnología

La Organización del Departamento de Ventas

Los departamentos de ventas se suelen organizar por:
- Territorio (ciudad/estado/región)
- Clientes (tipo/tamaño)
- Productos
- Mixto

EL GERENTE DE VENTAS

Es el responsable de la actuación del equipo y de los resultados obtenidos. Su trabajo requiere de la participación de otros con un espíritu de cooperación y motivación.

Para que el gerente de ventas pueda hacer un buen trabajo de la administración, debe tener un profundo conocimiento de las técnicas de venta, producto y mercado. Sin embargo, la gestión requiere de habilidades administrativas y de liderazgo que a menudo son cualidades que no todos los vendedores tienen.

El 26% de los presidentes y diretores generales de las 500 mayores empresas estadounidenses tenían experiencia en ventas o marketing.

Además un gerente de ventas deberá tener las siguientes cualidades:

- Saber que realizar las previsiones de ventas
- Ser un analista de mercado
- Ser un planificador estratégico
- Estudiar el comportamiento del consumidor
- Saber manejar las oportunidades
- Saber analizar los costos y beneficios
- Administrar el presupuesto
- Administrar el telemarketing
- Saber cómo negociar, gestionar equipos y las situaciones
- Ser un buen comunicador verbal
- Dominar las herramientas electrónicas

El crecimiento del negocio está muy condicionado a la búsqueda constante de la satisfacción del cliente, a través del trabajo del vendedor.

La Evolución de los vendedores

Los primeros vendedores surgieron en el siglo XVIII en Inglaterra, a través de las transacciones entre el campo y la ciudad.

En la Revolución Industrial – debido a la necesidad de la eliminación de los excedentes de producción (desarrollo del comercio internacional).

En España el comercio comenzó a desarrollarse a finales del siglo XIX (vendedores ambulantes y buhoneros - difusores de noticias).

Los vendedores profesionales (post segunda guerra), que actualmente funcionan como difusores de innovaciones, conocimientos del mercado y con altos conocimientos técnicos.

Importancia de la relación MARKETING x PERSONAL DE VENTA

LAS CUALIDADES DE UN VENDEDOR

Los vendedores deberán tener las siguientes cualidades:

- Conocimiento del negocio en el que opera
- Proveer la Satisfacción por la venta

- Ayudar al cliente en la solución de problemas
- Personalidad agradable
- Buena apariencia profesional

EL CONSUMIDOR

Todo profesional del marketing desea que en el mercado se produzca una multitud de variables para poder desarrollar las diferentes estrategias que posicionen a un producto y a una empresa en un lugar privilegiado.

El consumidor está cada vez más formado e informado y es cada vez más exigente. Además habrá que tener en cuenta que en todo mercado competitivo existen una serie de grupos sociales, cuyas reacciones incidirán de forma directa en los resultados de la empresa.

Una clasificación de los diferentes tipos de clientes que existen en el mercado podría ser la siguiente:

- Compradores o utilizadores de los productos comercializados por la propia empresa.
- Compradores o utilizadores de los productos comercializados por las empresas de la competencia.
- Compradores o utilizadores potenciales que en la actualidad no consumen nuestros productos ni los de la competencia, cualquiera que sea la razón. Ejemplos: niños pequeños respecto al consumo de determinadas bebidas, consumidores potenciales de la tercera edad...
- Los no compradores absolutos del producto que pueden incidir en un momento determinado positiva o negativamente en su comercialización. Ejemplo:

los ecologistas con respecto a ciertos productos de perfumería, industriales...
- Los prescriptores o indicadores son aquellos que conociendo el producto pueden influir por diferentes motivos en la adquisición o no de un bien determinado. Ejemplo: directores de bancos respecto a determinados productos (seguros, Bolsa, inmobiliaria...), profesores de gimnasia respecto al material utilizado (palos, pelotas...).
- Los líderes de opinión son las personas que debido principalmente a su posicionamiento y reconocimiento social pueden incidir fuertemente en la opinión general del mercado, según sea su inclinación hacia un determinado producto.

EL COMPORTAMIENTO DEL CONSUMIDOR

Los determinantes individuales, o factores internos, que influyen en el comportamiento de compra pueden agruparse en cinco grupos fundamentales:

- Motivación.
- Percepción.
- Experiencia y aprendizaje.
- Características demográficas, socioeconómicas y psicográficas.
- Actitudes.

ISBN: 978-1503258815

LA MOTIVACIÓN

La motivación se puede definir como "una predisposición general que dirige el comportamiento hacia la obtención de lo que se desea" afectando a los criterios de evaluación de una necesidad.

El proceso de decisión de compra se inicia con el reconocimiento de una necesidad, la cual se habrá podido estimular a partir de un factor interno o externo, pero para que pueda ser reconocida y evaluada es necesaria la motivación.

Las necesidades se pueden clasificar de acuerdo a distintos criterios:

- Fisiológicas o psicológicas: Los fisiológicos se centran en la satisfacción de las necesidades biológicas o corporales (hambre o sed), los psicológicos se orientan hacia la satisfacción de las necesidades anímicas (amistad, saber...). Ambas pueden satisfacerse simultáneamente.
- Primarias o selectivas: Las necesidades primarias dirigen la compra hacia productos genéricos, mientras que las selectivas complementan a las primarias y guían la elección de las marcas y los modelos de los productos genéricos; así como entre los establecimientos en los que se venden.
- Racionales o emocionales: Los motivos racionales se asocian generalmente a características observables u objetivas del producto, tales como el producto, el tamaño, el consumo, la duración, el precio, etc. Por el contrario, los motivos emocionales se relacionan con

sensaciones subjetivas (comodidad, placer o prestigio que se derivan del bien o servicio). En la mayoría de las compras intervienen los dos motivos en mayor o menos medida.
- Conscientes o inconscientes: Los motivos conscientes son aquellos que el consumidor percibe como influyentes en la decisión de compra, mientras que los inconscientes son los motivos que influyen en la decisión sin que el comprador se dé cuenta de ellos.
- Positivos o negativos: Los motivos positivos llevan al consumidor a la consecución de los objetivos deseados, mientras que lo negativos lo apartan de las consecuencias no deseadas. Generalmente, son los motivos positivos los que predominan en la decisión de compra, aunque en ocasiones son los negativos los que más influyen.

Una de las clasificaciones más conocidas de las necesidades es la de Maslow, que establece una jerarquía entre ellas.

Las necesidades, según Maslow, aparecen de forma sucesiva, empezando por las más elementales o inferiores, de tipo fisiológico. A medida que se van satisfaciendo en determinado grado, van apareciendo otras de rango superior, de naturaleza psicológica. Distingue en total, cinco tipos de necesidades:

- Fisiológicas.
- De seguridad.
- De posesión y amor.
- De estima.

- De autorrealización.

Maslow representa esta clasificación de las necesidades a través de una pirámide, denominada Pirámide de Maslow.

- Fisiológicas: Son las primeras necesidades que aparecen en el ser humano (alimentación, vestido o vivienda). Hasta que no están satisfechas en cierta medida, no aparece el resto de necesidades.
- De seguridad: En nuestra sociedad se traducen en un trabajo consolidado y protegido, el deseo de una cuenta de ahorros o de un patrimonio...
- De posesión y amor: Una vez cubiertas en cierta medida las necesidades fisiológicas y de seguridad, aparecen las de amor, afecto o posesión. Estos motivos llevan a relacionarse con los demás miembros de la sociedad, a buscar su afecto y a asociarse o afiliarse con otros.
- De estima: Maslow afirma que "todas las personas normales tienen necesidad o deseo de una evaluación estable, firmemente basada y alta, de su personalidad; necesitan de autorrespeto y autoaprecio, y del aprecio de los otros". Estas necesidades llevan, por una parte, a un deseo de fuerza, realización, suficiencia, dominio, confianza, independencia y libertad, y por otra, a un deseo de reputación, prestigio, reconocimiento, importancia o apreciación. Maslow afirma que la satisfacción de estas necesidades conduce a sentimientos de confianza, de ser útil y necesario, pero la frustración de las mismas produce sentimientos de inferioridad, debilidad o impotencia,

que a su vez, dan lugar a reacciones desanimadoras e incluso compensatorias o neuróticas.
- De autorrealización: Suponen la realización integral del potencial propio, es decir, llegar a ser para estar en paz consigo mismo.

El Consumidor y el Comprador

El consumidor y el comprador no tienen las mismas características, y además no son la misma persona, las razones de la conducta en consumo y en compra son distintas, aunque sea un sólo sujeto el que lleve a cabo ambas acciones.

Existe una amplia gama de productos que se compran por personas distintas de quien los consume; los productos del hogar que se compran para un consumo familiar. No sólo se da este caso en los bienes de consumo, sino que quizá conviene sobre todo considerar la importancia de los productos industriales necesarios a las distintas empresas, que se compran normalmente por un comprador, un jefe de compras, que se constituye en pieza clave en el Marketing de los productos industriales.

Deben establecerse dos corrientes paralelas, una basada en los objetivos y otra basada en los medios.

Son dos estrategias distintas dentro de una misma política, coordinadas, coherentes entre sí, pero específicas e independientes. El éxito acompañará cuando ambas sean eficaces.

- Objetivos
    - Estrategia hacia el consumo.
    - Estrategia hacia la compra.

- Medios
    - Estrategia hacia el consumo.
        - Motivaciones de consumo.
        - Publicidad.
    - Promoción, etc.
- Estrategia hacia la compra.
    - Distribución.
        - Colocación en punto de venta.
        - Exhibición en punto de venta, etc.

El Proceso de Decisión de Compra

Cuando se adquiere un bien o un servicio, generalmente es el resultado de un proceso de decisión de compra.

El proceso de decisión de compra sigue una serie de fases o etapas, desde el momento en que surge la necesidad, hasta el momento posterior al acto de compra o no compra, en el que aparecen sensaciones de satisfacción o insatisfacción con la decisión tomada.

EL COMPORTAMIENTO DURANTE LA COMPRA

La importancia, intensidad y duración dependen del tipo de compra que se efectúe. El comportamiento de compra variará también en función del grado de asociación o disociación entre el papel de comprador, consumidor y pagador; y el tipo de compra o el tipo de producto.

- Grado de asociación o disociación entre el papel de comprador, consumidor y pagador: Es decir, si una persona asume los tres papeles (asociación) o que cada papel recaiga sobre más de una persona (disociación). Pueden contemplarse básicamente cinco situaciones:
    - Las tres funciones son llevadas a cabo por la misma persona.
    - Cada una de las tres funciones es realizada por una persona específica.
    - Una persona es el comprador – consumidor y otra el pagador.
    - Una persona es el comprador – pagador y otra el consumidor.
    - Una persona es el comprador y otra el consumidor pagador.
- Tipo de compra y/o tipo de producto: Hay que tener en cuenta los siguientes aspectos:
    - Compra de repetición o primera compra.
    - Compra frecuente o esporádica.
    - Compra por impulso o razonada.
    - Compra de un producto de baja implicación o de alta implicación.

- Compra de un producto de bajo precio o alto precio.

En función de estos aspectos, el proceso de compra será más o menos complejo. Así por ejemplo, será más complejo si se trata de primeras compras, compras esporádicas, razonadas o de productos de alta implicación.

Por el contrario, si se trata de una compra que se repite muy frecuentemente, por impulso o se trata de un producto de baja implicación, se considera un proceso de compra más simple.

Tanto el consumidor como el comprador son determinantes externos del marketing. El consumidor se ve determinado por una serie de factores internos y externos que influyen en su comportamiento.

Entre los factores internos que influyen en el consumidor se encuentran: la motivación; la percepción; la experiencia y el aprendizaje; las características demográficas, socioeconómicas y psicográficas; y las actitudes.

Entre las variables externas, influyentes en el comportamiento del consumidor, se encuentran: el entorno económico, político, legal, cultural, tecnológico y el medio ambiente; la clase social, los grupos sociales de referencia, la familia, las influencias personales y las situaciones de compra y consumo.

El consumo es el objetivo fundamental del marketing y para conseguirlo es necesario superar el acto de compra. En el proceso de decisión de compra inciden una serie de factores desde el momento en que surge la necesidad, hasta el momento posterior al acto de compra o no compra.

La Importancia en la Gestión de las Ventas

A NIVEL INTERNO - una empresa suele evaluarse por su capacidad de ventas y ganancias. ¿Las ventas nos proporcionan los suficientes fondos para que la empresa pueda hacer frente a sus gastos?

A EXTERNO DE NIVEL - la actividad de ventas es importante para el impacto, en general, en la economía y la sociedad.

Objetivos de un Gerente de Ventas

MISIÓN

Es el objeto de negocio de la empresa y lo que se propone hacer para satisfacer al mercado. Debe de ser siempre desarrollado a partir de algún beneficio para la sociedad o del propio mercado.

OBJETIVOS Y METAS

Los objetivos principales conducen a las empresas por ciertos caminhos deseados por la administración. Puede ser cuantitativa (obtener algo de cuota de mercado) o cualitativo (proyectar una imagen de competencia). Generalmente se establecen por períodos de uno a dos años.

Para lograr objetivos más amplios, es necesario planificar metas para períodos más cortos. Estos objetivos son, por tanto, los pasos intermedios que se deben tomar para lograr los objetivos generales de la empresa.

ESTRATEGIAS Y TÁCTICAS

Para lograr las metas y los objetivos, la gestión desarrolla estrategias y tácticas que son los planes de acción que se inician a partir de un análisis del entorno, dónde se determinan las oportunidades y amenazas en el mercado y también las fortalezas y debilidades de la empresa.

Estilos de Liderazgo

Un líder es una persona que lleva, el control y/o la orientación en cualquier tipo acción, negocios o línea de ideas. Esta es una forma de dominación basada en el prestigio personal y que está aceptado por los dirigidos.

Los rasgos de personalidad de un líder son:

- Entusiasmo
- Optimismo
- Tranquilo
- Agresivo para tomar decisiones
- Uso de Lógica y Orden
- Organización
- Claridad en la Comunicación

LIDERAZGO AUTOCRÁTICO

El administrador es el que da las órdenes. Él impone su voluntad sobre los subordinados, y centraliza todas las decisiones.

Este estilo no es el más apropiado cuando la fuerza de ventas es experimentada y tiene um alto grado de profesionalidad.

Se puede utilizar cuando cualquier acción disciplinaria en el grupo es indiferente, o incluso cuando la fuerza de ventas no tiene la experiencia necesaria.

LIDERAZGO DEMOCRÁTICO

El líder trata de orientar al grupo para encontrar, por sí mismo, la solución a sus diversos problemas, haciéndoles participar y decidir la dirección para lograr la mejor solución. Sin embargo, la última palabra es casi siempre el suya, sobre la base de los hechos presentados.

Este tipo de liderazgo es más apropiado cuando la fuerza de ventas es de un nível superior y cuando el ambiente permite que los distintos elementos se reúnan para opinar o tomar ciertas decisiones.

En caso de tener una gran fuerza de ventas, el gerente puede tener dificultades para coordinar a todo el personal.

LIDERAZGO LIBRE

Se caracteriza por la libertad completa de un equipo de ventas, es decir, por la poca interferencia del gerente en la gestión de los representantes de las empresas que toman las decisiones que ellos quieren y dirigen sus acciones como consideren mejor.

Puede tener una mejor aplicación cuando la fuerza de ventas es de primer nivel, donde los vendedores conocen la línea de negocio y el mercado.

Cuanto mejor sea el nivel del equipo, mayor será la tendencia para la apertura, mientras que un nivel menor de estos individuos, mayor será la tendencia para el estilo autocrático.

Se recomienda que el administrador utilice preferentemente una administración flexible y adaptada a las necesidades de las diversas situaciones encontradas. Este debe ser autocrático a veces, democrático en otras y liberal también en otras.

Liderazgo autocrático	Liderazgo Democrático	Liderazgo en la Libre
Los intereses propios a costa de los liderados.	Intereses de sí mismo y la empresa.	El grupo establece sus propios intereses.
Debe apoyarse en la obediencia La disciplina es el resultado de regulaciones estrictas.	Autoridad basada en la cooperación voluntaria.	El grupo actúa fuera de control y autoridad.
Utilizar más la coacción y raramente la persuasión.	La disciplina es el producto de la solidaridad en el objetivo.	Poca o ninguna cooperación en el cumplimiento de la autoridad.
Desconfianza sobre los liderados llevó Ordenes, control y dirige de cerca.	Utiliza más la persuasión y raramente la coacción.	Nunca usa la coacción y raramente la persuasión.
Es obediencia	Las transferencias llevan a la confianza Guías, educación	Confunde la confianza con la excesiva libertad La falta de mando y control.

forzada	y motivación.	
	Es, ¿obediencia consentida?	El grupo determina su grado de obediencia

PLANIFICACIÓN DE LAS VENTAS

Esta es una función del gerente de ventas, que consiste en decidir de antemano lo que se debe hacer a través de un análisis de las situaciones internas y externas, y lo hace mediante una predicción de lo que podría suceder, preparándose para cumplir y llevar a cabo esta predicción y control del trabajo para estos objetivos a alcanzar.

Etapas de la Planificación

Recopilación de datos	Análisis de la situación del entorno mediante la recopilación y almacenamiento de datos.	Sistemas de Información.
La percepción y los estudios de los factores que pueden reducir la eficiencia y el crecimiento futuro de la compañía	La preocupación es comparar la información con el análisis de los recursos de la empresa con el fin de verificar las posibilidades reales existentes para obtener el	Fortalezas y debilidades Amenazas y oportunidades. El potencial de mercado Potencial de ventas.

	crecimiento y la mejora de la eficiencia.	
Formulación de las hipótesis fundamentales.	Opiniones, juicios, datos estadísticos, estúdios de empresas especializadas, la empresa puede hacer prognósticos de, sus ventas y, en consecuencia, el presupuesto.	Pronóstico.
Estipulación de los objetivos o metas de la compañía.	A la luz de la información y el análisis que pueda ocurrir en el futuro, la empresa puede establecer objetivos y metas, con la esperanza de alcanzarlo en un período determinado.	Objetivos. Metas.
Determinación de las actividades que deben ejercerse para lograr los objetivos.	Estas personas deben recibir las siguientes respuestas: ¿Qué venden?	¿Qué venden? ¿Qué hay que vender? Método de

	¿Qué hay que vender?	ventas.
	¿Cuál es el método más apropiado para las ventas?	
Preparación de la cronología.	Debería determinarse y cuantificarse la operativa para ejecutar los aspectos del programa de ventas.	Contactos que hacer. Frecuencia de la visita. Objetivos de la visita.
	Uno puede establecer cuotas de ventas, la frecuencia de las visitas y los objetivos de cada visita a diferentes clientes.	Cuotas. Territorios. Rutas. Presupuesto.

El Plan de Ventas

Este es un documento escrito que establece los principales temas de la planificación. Debe ser un documento operativo de empresa que servirá de conducto para todas las actividades del personal que participa en lo que estaba previsto.

Para ejecutar el plan de ventas, el planificador debe tener un profundo conocimiento de los pasos mencionados a continuación:

Etapa 1 - Análisis:

¿Dónde está la organización ahora? ¿Cómo está?

Etapa 2: Proyección:

Si seguimos haciendo lo que estamos haciendo, ¿Dónde llegaremos? En este caso, se recomiendan los pasos:

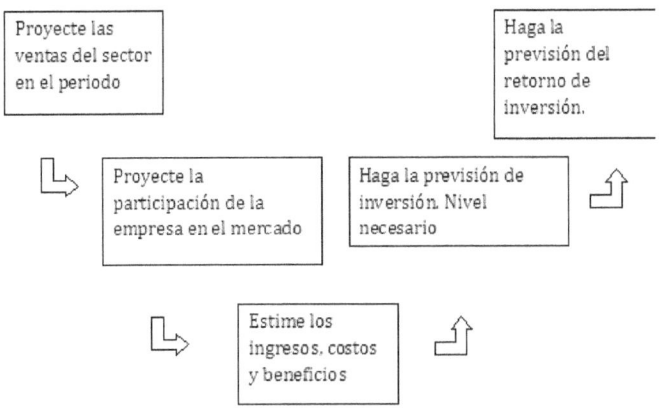

Etapa 3: Objetivos:

¿Dónde queremos ir?

Etapa 4: Síntesis:

¿Cómo podemos poner todo junto?
- Estrategia: ¿Cuál es la mejor manera de llegar al objetivo?
- Táctica: ¿Qué acción se requiere, por quién y cuándo?
- Control: Medidas que indican el progreso.

El Mercado Potencial

Son las ventas esperadas de un producto, un grupo de productos o un servicio en todo un sector industrial en un mercado determinado y durante un intervalo de tiempo específico. Por tanto, el potencial es la capacidad máxima de un mercado para absorber determinado producto.

Para estimar el potencial de mercado, existen muchos métodos entre los que podemos mencionar:

- **Intención de compra:** Consiste en preguntar a los clientes la posibilidad de comprar los productos ofrecidos por la empresa, o bien, la intención de comprar en el próximo año u otro período

considerado. A pesar de su simplicidad, no pueden representar la realidad, porque los clientes pueden cambiar su mente al hacer sus compras.
- **Comparación:** La proyección se basa en la comparación de algún factor ya conocido. Por ejemplo: tenemos las ventas totales de un producto, el valor se divide por el número de empleados de la empresa y el resultado es el rendimiento anual de ventas por empleado.
- **Las pruebas de mercado:** El producto se comercializa a pequeña escala y los datos se recogen con el fin de determinar el número de consumidores que van a comprar el producto.
- Análisis de datos secundarios: Puede hacer un análisis de correlación, en el que un factor de variación se asocia con un mercado asociado con el cambio en la demanda para el aspecto del producto, la extracción de la misma en una relación matemática.

La Previsión de Ventas

Está hecha para analizar la empresa y su entorno, la competencia, las condiciones generales del negocio y el posicionamiento del producto en el mercado.

Debe ser realizada con cautela, debido a que el impacto en otros sectores (producción, finanzas, personal, etc) es muy expresivo. Un pronóstico optimista, por ejemplo, puede generar una compra excesiva de materia prima para la producción, nuevas contrataciones de personal, etc

Los tipos de previsiones de ventas son:

- Por producto
- Por región
- Por mercados
- Por clientes

Los Métodos más comúnmente utilizados son:

- CIENTÍFICO
    o Modelos Matemáticos
        - Regresión múltiple
    o Métodos estadísticos

- NO CIENTÍFICO
    o Intención de vender: Se les pide informaicón a los clientes sobre las futuras compras durante un período concreto.
    o Opinión de la fuerza de ventas: los vendedores, ya que tienen la relación y el conocimiento de los clientes, pueden determinar lo que esperan vender.
    o Ventas anteriores: se basa en datos históricos de ventas, es una proyección basada en las tasas medias de crecimiento alcanzado, sus variaciones estacionales y cíclos.

- o Opinión de los directivos: en base a su experiencia e intuición, determinan lo que la empresa va a vender durante el período.

PREPARACIÓN DE LA PREVISIÓN DE VENTAS

- Determinar los objetivos para los cuales se utilizarán las previsiones
- Dividir los productos que se están estudiando en grupos homogéneos
- Determinar qué factores influyen en las ventas de cada producto y tratar de establecer la importancia relativa de cada uno de ellos
- Elegir el más adecuado para cada método de previsión
- Reúnir toda la información disponible
- Analizar información
- Comprobar los resultados del análisis y compararlos entre sí y/u otros factores
- Hacer suposiciones sobre los efectos de los factores que no se pueden calcular
- Convertir deducciones y suposiciones en previsiones específicas para el mercado en general y de determinadas regiones
- Aplicar las previsiones de las operaciones de la empresa
- Analizar el rendimiento de las ventas y revisar periódicamente los pronósticos.

Los Territorios en las Ventas

Son las unidades geográficas que divididen las áreas de ventas. La división territorial ofrece una oportunidad para identificar clientes potenciales y lograr una atención adecuada.

La división territorial está determinada en gran medida por la naturaleza del producto y el tipo de trabajo.

VENTAJAS

- Cobertura más intensiva de los clientes actuales y potenciales;
- Un mejor control de las actividades de los vendedores;
- Crea en los vendedores un sentido de responsabilidad, lo que aumenta su motivación.

DESVENTAJAS

- El vendedor será considerado el dueño del territorio y tiende a relajarse;
- La falta de estímulo de los vendedores para esfuerzos adicionales.

DETERMINACIÓN DE LOS TERRITORIOS

A la hora de determinar los territorios para nuestra fuerza de ventas, tenemos que tener en cuenta los siguientes puntos:

- Los territorios deben ser fáciles de administrar;
- El tiempo de viaje entre clientes debe ser tan poco como sea posible;
- El potencial de ventas debe ser fácil de estimular en las unidades establecidas y las oportunidades de ventas deben ser iguales para todos los vendedores;
- La carga de trabajo también debe ser igual para todos.

ETAPAS PARA UN DIVISIÓN TERRITORIAL

A la hora de dividir el territorio de ventas tenemos que tener en cuenta los siguientes aspectos:

- Seleccionar las unidades para la división (estados, regiones, ciudades, etc) teniendo en cuenta el potencial y la necesidad de visitas;
- Analizar el trabajo necesario, definir con qué frecuencia los vendedores deben visitar a los clientes, que tipos de trabajo son necesarios, la capacidad del vendedor, la competencia, etc
- Trazar un mapa de ruta de visitas.

LAS RUTAS COMERCIALES

Son las distintas maneras en que los vendedores deben proporcionar una cobertura adecuada a la zona de ventas.

Básicamente, la ruta está determinada por el potencial de ventas de la zona, la frecuencia de las visitas necesarias y el número de clientes.

Mediante el establecimiento de una ruta, dividimos los clientes en orden de importancia, en función de su capacidad de compra. Las empresas suelen dividirlos en los tipos A, B y C, y el cliente A, el más importante, por lo tanto merece nuevas visitas. El nivel de las visitas varía de acuerdo con el buen sentido del administrador.

A = 2 visitas mensuales.
B = 1 visita mensual.
C = 1 visita cada dos meses.

El Presupuesto en las Ventas

Este es la planificación financeira del plan de ventas. La ventaja del presupuesto es el de proporcionar una expectativa futura y permitir prepararse para comparecer ante la producción y las ventas esperadas.

Los presupuestos de ventas pueden tomar los siguientes valores:

- **Presupuesto de ventas:** volúmenes previstos de ingresos y se comparan las unidades de venta de los diversos productos. Representa el costo necesario para lograr los ingresos previstos.
- **Gastos del presupuesto de ventas:** anticipa el gasto en las diversas actividades del personal de ventas, como son los salarios, comisiones, costos de la fuerza de ventas, etc
- **Presupuesto de publicidad:** define los fondos destinados a la inversión en publicidad.
- **Presupuesto administrativo:** de todo el personal administrativo, como el presupuesto sobre los gastos de operaciones de oficina, alquiler, electricidad, etc...

Las Cuotas de Mercado

Se sirve con parámetros para el análisis de la actividad de ventas. Además de ser un instrumento de control.

LA SEGMENTACIÓN DEL MERCADO

Precede a la organización de los territorios de ventas, ventas de zonificación y otros criterios para la formulación de la estrategia de ventas.

Los criterios para la segmentación de un mercado deben ser respaldados por información precisa sobre el mercado total que desea dividir y sus peculiaridades. Esto requiere de estudios de mercado o por medio de otros datos secundarios.

Las Variables de Segmentación y las Dimensiones

VARIABLE	DIMENSION
Geográfica	Las fronteras políticas Área comercial
Demográfica	Edad Sexo Race
Socioeconómica	Ingresos Ocupación Educación
Psicológica	Personalidad Actitudes Estilo de vida (actividades, intereses, valores, etc)
Tipo de Producto	Tipo de uso del producto Lealtad a la marca La durabilidad del producto
El comportamiento	Cuando se hacen las compras Los motivos de la compra

del consumidor	Influencia sobre la compra
Beneficios	Satisfacción sensorial
	El hoy (estar de moda)
	Durabilidad / Calidad
Actividades Branch	Tipo de actividad
	Tipo de distribución al consumidor
	Tamaño de usuarios
Marketing mix	Precio
	Marca
	Promoción de ventas
	Canal de Distribución

LA DISTRIBUCIÓN EN LAS VENTAS

La distribución incluye todas las actividades relacionadas con la transferencia física del producto:

- Decisiones de transporte;
- Almacenamiento;
- Ubicación de los depósitos;
- Sucursales;
- Inventarios;
- Procesamiento de pedidos, etc

Los Canales de Distribución

Es la combinación de organizaciones a través de la cual el vendedor vende el producto al consumidor, al usuario o consumidor final.

El canal es el camino para transferir el producto desde el productor hasta el consumidor final.

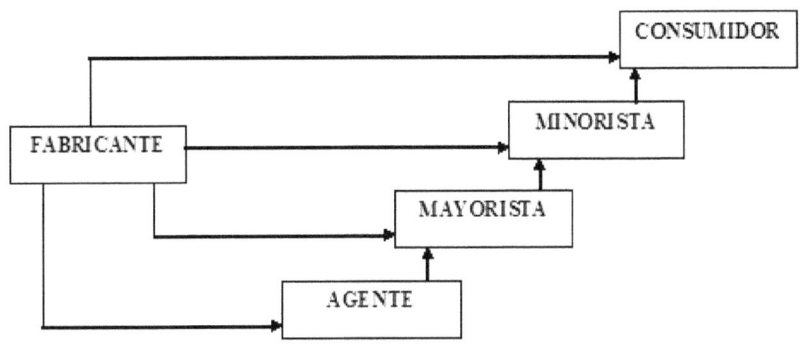

Un producto será el elegido por el consumidor si le proporciona el nivel más alto de satisfacción (paquete de utilidades). Los componentes básicos de este paquete son: **forma, posesión, lugar** y **tiempo**.

Desde el punto de vista del consumidor, proporcione una distribución útil (satisfacción) de lugar y tiempo. La satisfacción de **lugar** significa que un consumidor puede comprar los productos que necesita en el lugar donde desea (de conveniencia). La utilidad del **tiempo** se ha considerado muy importante en las decisiones estratégicas de algunas empresas, ya que llevar los productos al mercado en momentos inadecuados puede resultar en un grave error (efecto estacional).

FACTORES QUE INFLUYEN EN LA TOMA DE DECISIONES EN LOS CANALES DE DISTRIBUCIÓN

Producto	Un producto tecnológicamente avanzado requiere un canal más corto, debido a la transferencia de información. Un producto perecedero también requiere un canal más corto, debido a su validez. Un producto de alto precio, para la clase "A", con el fin de proporcionar "status", debe tener una distribución limitada a través de un canal más corto. Los productos más baratos, para los estractos sociales de la población más bajos, deben obedecer a un canal de distribución más largo destinado a consumo masivo.
Intermediarios	Si un fabricante de productos tecnológicamente avanzados para ver que, en su línea de trabajo hay distribuidores independientes, calificados para la venta, se puede optar por vender a través de estos intermediarios. A menudo, debido a la falta de estos productos intermedios en el lugar en el que desea establecer, las empresas optan por la venta directa. Este factor se debe considerar siempre.
Mercado	Un mercado concentrado puede determinar una estrategia de ventas

	directas, debido a la facilidad de contactar con el próximo cliente. Por otra parte, un mercado donde los consumidores están muy dispersos, puede determinar una estrategia para el canal de distribución más largo.
Compra Hábitos	La búsqueda de productos en determinados sitios de moda no eran comercializados con anterioridad, por ejemplo: los libros en los quioscos, los cosméticos en farmacias, supermercados con revistas, entre otros.
Entorno	Entorno económico - las empresas que han sufrido la recesión han intentado reducir costos y una de las tácticas utilizadas fue para disminuir la distancia produto-cliente. La feroz competencia en todos los sectores. Si Farmacia / Parafarmacia / Herboristería.
Empresa	Es la principal responsable de la forma en la que se distribuye el producto. Mediante la observación de los objetivos deseados y los recursos disponibles. Una empresa con dificultades financieras puede optar por un canal con mayor número de intermediarios.

DISTRIBUCIÓN DE INTENSIDAD

Intensivo	La compañía quiere lograr com la distribución de sus productos al mayor número posible de consumidores a través de canales más largos. Por ejemplo cigarrillos, bebidas, etc
Selectivo	La empresa vende a un mercado, realizar la elección de sus distribuidores dentro de ciertos criterios. Ex: artículos deportivos, ropa, etc
Exclusivo	Los fabricantes eligen a sus distribuidores y autorizan a distribuir en exclusiva sus productos. Por ejemplo, vehículos.

VENTAJAS DE LOS CANALES DE DISTRIBUCIÓN

Aumento del nivel de alcance de un mercado (aumento de contactos).

Lleve a cabo ciertas tareas de marketing que son necesarias para vender el producto o servicio.

A menudo, el fabricante no sería capaz de realizar ciertos trabajos, tales como: prospección y demostración.

La reducción de costes, ya que se produce una disminución de la plantilla en relación con las ventas del fabricante, así como la reducción de todos sus gastos asociados (transporte, alimentación, formación, etc).

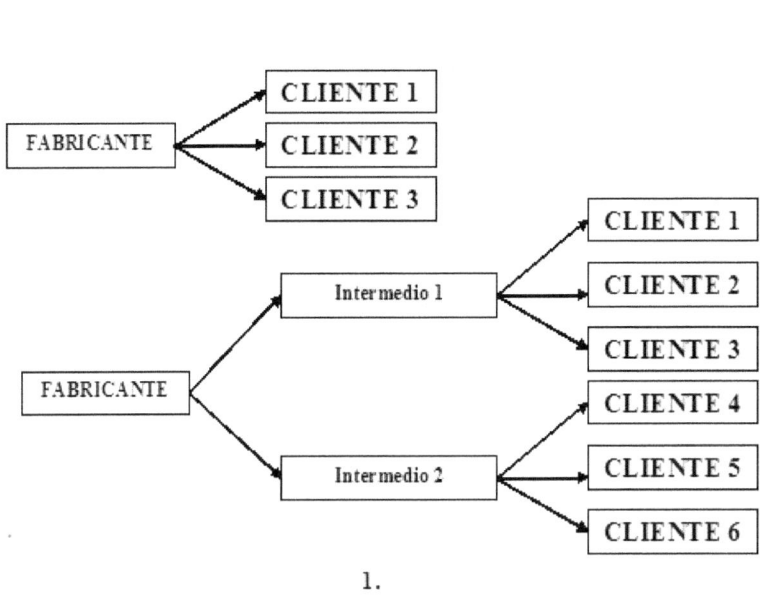

1.

LA LOGÍSTICA EN LAS VENTAS

La logística y la distribución física se utilizan para describir un conjunto común de actividades. El término logística fue utilizado inicialmente por los militares para referirse a un sistema de movilización, supresión y acuartelamiento de las tropas. Muchas empresas han relegado a un segundo lugar, dentro de sus actividades de marketing, sus actividades logísticas.

- DEFINICIÓN - es el movimiento y la manipulación de las mercancías desde el punto de producción al punto de consumo o uso. La logística se pueden dividir en dos partes:

- TRANSPORTE - se relaciona con el movimiento de paso de mercancías entre empresas y/o entre las empresas y los consumidores.

- ALMACENAMIENTO - se utiliza como sinónimo de almacenamiento y todas las actividades asociadas con la custodia de los productos y sus necesidades de consumo.

Existe la logística debido a la separación geográfica entre las fuentes de producción y consumo. A condición de que las mercancías han sido entregadas a los clientes en buen estado, el objetivo puede ser mucho más barato. Como se considera la localización de los clientes se considera, hay tres variables a considerar:

- ¿Dónde se van a fabricar los productos?
  - decisiones propias.
  - fabricación parcialmente subcontratada
  - fabricación totalmente subcontratada

- ¿Cómo pueden ser transportados los productos?
  - por carretera
  - por ferrocarril
  - por mar o por vías navegables interiores
  - por vía aérea
  - transporte intermodal

- ¿Cuándo necesitan estos productos ser almacenados?
  - en el punto de fabricación
  - en el punto de venta
  - en el punto del intermediario

VENTAS AL POR MENOR

Retail es una unidad de negocio que compra bienes a los fabricantes, mayoristas y otros distribuidores y los venden directamente a los consumidores finales y, finalmente, a otros consumidores. Los establecimientos minoristas se consideran aquellas empresas en las que más del 50% de sus operaciones se relacionan con las ventas al por menor.

Las organizaciones minoristas son variadas y siguen apareciendo nuevas formas de estas empresas. Los consumidores de hoy se pueden comprar bienes y servicios en una amplia variedad de tiendas. Los tipos de las principales tiendas de venta al por menor se clasifican en ocho categorías:

- **Tiendas Especializadas** - Venden una línea de productos con un profundo surtido dentro de esa línea.
- **Grandes Almacenes** - Venden múltiples líneas de productos, por lo general ropa, muebles y artículos para el hogar, por ejemplo.
- **Supermercados** – Operan a bajo costo, margen de beneficio pequeño, gran volumen de ventas, auto-servicio diseñado para satisfacer las necesidades totales de los consumidores en términos de alimentos, artículos de tocador y productos de limpieza y mantenimiento del hogar, por ejemplo.
- **Tiendas de Conveniencia** - Son tendas relativamente pequeñas, ubicadas cerca de zonas residenciales, permanecen abiertas más allá de las horas normales y los siete días de la semana. Venden una línea limitada de productos de alta rotación.
- **Tiendas de Descuentos** - Venden bienes estandarizados a precios más bajos debido a que trabajan con pequeños márgenes y com grandes volúmenes.
- **Tiendas de Liquidación** - Compran a precios inferiores al por mayor y transfieren parte de esta ventaja a los consumidores. Trabajan con un surtido variable y mutante de productos de alta calidad, con frecuencia, liquidaciones, números y modelos dispersos obtenidos a precios reducidos de los fabricantes o de otros minoristas.

- **Las grandes superficies** - El espacio medio de venta de las grandes superficies es aproximadamente de 11.000 m2. Tratan de satisfacer las necesidades totales de los consumidores con las compras rutinarias de alimentos y artículos no alimentarios.
- *Showrooms* **de Catálogos** - Venden una amplia selección de marcas de productos conocidos que permiten un *markup* alto, una entrega rápida y descuento en el precio. Los consumidores eligen los productos en los catálogos, y posteriormente van a retirarlos del área de recepción de la *showroom*.

VARIABLES CONTROLADAS DE LA VENTA AL POR MENOR

- **Compuesto de bienes y servicios:** es la decisión sobre el tipo de productos que se ofrecerán en la tienda (mezcla de productos) y de servicios que se prestarán.
- **Distribución del compuesto:** son las decisiones sobre la ubicación de la tienda o tiendas, almacenes, nivel de inventario a mantener, el transporte hasta el cliente, etc
- **Compuesto de comunicación:** se refiere a la comunicación de un minorista con su mercado. Incluye las decisiones acerca de la publicidad, promociones, ventas, etc

Todas estas variables controlables deben dirigirse a lograr una estrategia comercial exitosa. Sin embargo, también se debe tomar en cuenta las variables del entorno: consumo, economía, aspectos legales, de competencia, de clima, etc

MAYORISTAS (AL POR MAYOR)

Los mayoristas son los intermediarios que venden sus productos a los minoristas o a otros mayoristas. Lo que diferencia a un mayorista de un minorista es que no se vende al consumidor final.

Básicamente hay dos tipos de mayoristas: uno que compra mercancía para revender, adquiriendo la mercancia y tomando así posesión de los mismos; y uno que vende, pero no toma posesión de los bienes. En el primer caso se llama comerciante y en el segundo agente.

El mayorista comerciante se puede dividir en dos tipos principales: el de funciones completas (uno que ofrece todo tipo de servicios al por mayor a sus clientes) y el de funciones limitadas (proporciona sólo algunos de los servicios de un mayorista), y pueden ser de los siguientes tipos:

- **Pague y Lleve:** la mercancía que está a la venta se encuentra en el establecimiento del comerciante; el minorista elige los productos en los que tienen un interés de comprar y él mismo los transporta, por ejemplo, un supermercado.

- **Comercio de transporte:** carga los bienes en el camión en sí, toma pedidos y entrega las mercancías a la vez (por ejemplo, refrescos y cigarrillos).
- **Vendedor direto (Drop Shipper):** ¿Es el mayorista que no mantiene inventarios ni se ocupa del mantenimiento, ya que, para vender productos, realizar el pedido a la fábrica y esta envía la orden directamente al comprador, evitando así el almacenamiento/depósito que queda en el intermedio.

Los mayoristas agentes, se caracterizan como aquellos que no tienen la posesión de los bienes, puede ser principalmente de dos tipos:

- **Representante de ventas:** trabaja con un contrato firmado de representante y, en muchos casos, de exclusividad.
- **Corredores:** no tienen ningún compromiso exclusivo con un sólo fabricante o empresa. Este lleva a cabo la venta y luego ganar una comisión del fabricante.

SELECCIÓN DE LA FUERZA DE VENTAS

El reclutamiento y la selección son relevantes para la formación de un equipo de actividades eficientes y competentes porque no debemos olvidar nunca que los vendedores representan, para los clientes, la imagen de la compañía en primera instancia.

El Responsable de Recursos Humanos

No hay una estandarización de procedimientos, ya que depende de los objetivos, las políticas, la financiación, la estructura y el tamaño de la empresa. La siguiente tabla muestra un modelo aproximado.

TIPO	FORMULARIO	RESPONSABLE
Micro empresa o pequeña empresa	directa y simplificada	CEO, director o gerente general
Compañías con estructura familiar	directa y simplificada	a pesar de la disponibilidad de un gerente de ventas, la última palabra en la mayoría de los casos es

		el propietario.
Las empresas medianas	compuesto de varias etapas de selección	Asociación entre el gerente de ventas y el sector de recursos humanos.
Las empresas grandes	compuesto de varias etapas de selección	Hay una mayor participación del sector de recursos humanos, con la posibilidad de que el gerente pueda actuar con decisión en una entrevista final.

El Tipo de Vendedor

Cualquier esfuerzo de marketing debe conducir, en primer lugar, a tener en cuenta al consumidor. Todo debe hacerse en su trabajo para garantizar su satisfacción y por lo tanto obtener un beneficio a largo plazo.

El sector de ventas, como parte de la comercialización, también debe actuar teniendo en cuenta al consumidor en primer lugar, conociendo la opinión sobre el tipo de vendedor que le gustaría que atendiera al cliente. A los clientes les gusta comprar con los vendedores con los que se sienten bien, a gusto, con el que se identifican.

Avon ha tenido mucho éxito en su sistema de ventas de puerta en puerta, porque designan a mujeres representantes para vender a otras mujeres. Los vendedores de la compañía están muy cerca de sus compradores, así como las características de clase social.

LOS DIVERSOS TIPOS DE VENDEDORES

- **Vendedores Misioneros**: Son empleados por el fabricante para trabajar con los intermediarios y sus clientes. Responsables de promover la imagen de la empresa, del apoyo a los intermediarios y la formación de sus empleados.
- **Repartidores de mercancías**: Las bebidas sin alcohol, cigarrillos y comestibles se venden de esta manera. El mayor énfasis está en la entrega de las mercancías.
- **Tomadores de pedidos internos**: El vendedor espera a los clientes en el negocio con un poco de determinación para comprar. Su papel es más de orientación y asistencia al comprador.
- **Tomadores de Solicitudes externas**: Visita a los clientes, con el objetivo de la reposición de inventarios. El esfuerzo de marketing se ha hecho antes, lo que facilita la venta.
- **Vendedor Técnico**: Los expertos que están más allá de la propia venta, ofrecen servicio de asistencia técnica.
- **Vendedor de productos tangibles**: Tiene la función básica de la creación de demanda a través de presentaciones, demostraciones y argumentos convincentes.

- **Vendedor de productos intangibles**: Igual que el anterior, y trabaja con los servicios de ventas.

El Prototipo de Vendedor

Cada empresa está interesada en la contratación de vendedores altamente calificados para el trabajo de la venta de sus productos. Los administradores buscan ansiosamente supervendedores. Sin embargo, es difícil saber lo que hace que un vendedor es realmente bueno.

Algunas características importantes son:

- Alto nivel de energía;
- Auto intensidad - positivista;
- Sistema de valores, que se caracteriza por el prestigio, el estatus, la ansiedad de ganar más, mejorar el nivel de vida;
- Hábito de trabajar sin supervisión;
- Perseverancia habitual;
- Tendencia natural a la competencia.

La preocupación de la contratación de proveedores calificados existe cuando el administrador tiene la intención de formar su propio equipo. Sin embargo, puede utilizar los servicios de los agentes autorizados de ventas que trabajan para sí mismos.

La Estructura de la Fuerza de Ventas

Al contratar a su propio equipo, el administrador debe primero determinar el número óptimo de vendedores. Para que esto se tendrá en cuenta:

- Previsión de ventas.
- Las expectativas de cambios en la fuerza de ventas (tasa *del volumen de negocios*).
- Programa de Marketing (adaptación de la fuerza de ventas de nuevos productos)
- Carga de visitas.
- Juicio (experiencia y sensibilidad).

Cómo Seleccionar al Candidato Óptimo

FACTORES CUANTITATIVOS

- Edad
- Educación - incluyendo la cualificación profesional
- Experiencia
- Habilidades especiales: idioma, estado civil, vehículo propio, el conocimiento de otras ramas, etc
- Salud
- Bien parecido
- Facilidad de expresión

RASGOS DEL CARÁCTER

- Estabilidad - el mantenimiento de puestos de trabajo y los intereses
- Disposición para el trabajo
- Perseverancia - la capacidad de terminar lo que empezaste
- Sociabilidad - capacidad de vivir con los demás
- Lealtad - la compañía
- Confianza en uno mismo - por iniciativa propia, el poder de decisión
- Liderazgo - capacidad de mando
- Equilibrio Emocional

LA MOTIVACIÓN EN EL CARGO

- Dinero
- Seguridad
- Estado
- Potencia
- Perfección
- Espíritu competitivo
- La disposición a prestar servicios

EJEMPLO DE PERFIL DEL CANDIDATO

FACTORES CUANTITATIVOS	
Edad	entre 22-25 años
Educación	Nivel mínimo de Bachillerato
Experiencia	ventas, la apertura de nuevas cuentas y el comercio de bienes duraderos de la rama X.
Cualificaciones	debe ser dueño, preferiblemente de

especiales	un coche, que tenga un interés permanente en la presentación del producto.
Salud	capacidad de viajar, resistencia a la fatiga.
Bien parecido	higiene y cuidado en la vestimenta sin parecer extravagante.
Facilidad de expresión	debe de ser capaz de hablar con claridad y objetividad, tener poder de razonamiento y la capacidad de persuadir.
RASGOS DEL CARÁCTER	
Estabilidad	el equipo se renueva cada 2/3 años, por lo que la estabilidad del vendedor puede ser razonable
Disposición para el trabajo	debe estar dispuesto a trabajar duro para organizar su zona de ventas
Perseverancia	debe tener la perseverancia para abrir continuamente nuevas cuentas.
Sociabilidad	grado moderado, en vista de las pequeñas frecuencias de visitas de corta duración.
Lealtad	promedio
Confianza	un grado extraordinario. Hay poca supervisión de campo. El candidato debe tener iniciativa propia
Liderazgo	no mandar sobre nadie innecesariamente
Equilibrio emocional	el vendedor tiene que saber que es capaz de controlar sus emociones

	tomando el control de las ventas.
MOTIVACIÓN EN TRABAJO	
Dinero	Una alta comisión es el principal factor
Seguridad	No es necesario tener una sensación de seguridad, ya que será reemplazado si las ventas no son buenas zona
Status	bajo – trabajará en una empresa de perfil bajo
Potencia	pequeño - los precios son fijos, no se le permite tomar la decisión
Perfección	escaso - debe vender y viajar. El producto se vende por precio, no la calidad.
Espíritu Competitividad	poco - el trabajo y la remuneración son individuales.
La disposición a prestar servicios	promedio - pero deben evitar tareas más pequeñas - = entregas, como por ejemplo, suministrar el coche en sí ..

TAREAS DEL VENDEDOR

- PODER DE VENTAS
    - realizar visitas periódicas a los clientes;
    - vender la línea de productos;
    - introducción de nuevos productos;
    - responder a las consultas;
    - superar las objeciones;
    - comprobar el inventario de los clientes;

- la interpretación de los productos a los clientes;
- estimar el cliente potencial;
- estimar las necesidades del cliente;
- explicar las directrices de la empresa, con respecto a los precios, condiciones de pago, condiciones de crédito, sistemas de administración y asistencia técnica;
- la obtención de orden;
- garantizar la aplicación de las cuotas.

- **TAREAS DE PROMOCIÓN**

  - hacer demostraciones de productos;
  - mostrar y difundir el uso del producto;
  - informar a los clientes acerca de las campañas de publicidad;
  - desarrollar clientes potenciales;
  - distribuir catálogos, folletos, regalos y productos promocionales;
  - capacitar al personal de los intermediarios;
  - presentar a los clientes, los datos y la información de mercado.

- **PAPEL DE LAS RELACIONES PÚBLICAS**

  - mantener relaciones amistosas con los clientes;
  - difundir la imagen de la empresa;

- o recopilar información acerca de la imagen de la empresa;
- o representar a la empresa.

- **DEBERES DE SERVICIO**

    - o instalar material de promoción;
    - o investigar y reportar quejas;
    - o proporcionar reemplazos y retornos;
    - o ofrecer descuentos y rebajas;
    - o rastrear el flujo de órdenes;
    - o proporcionar solicitudes de crédito;
    - o proporcionar una entrega de prioridad.

- **PODERES DE COBERTURA TERRITORIAL**

    - o asegurar su territorio y su clientela;
    - o preparación de guías para una cobertura más eficiente;
    - o distribuir sus esfuerzos de acuerdo a los clientes potenciales;
    - o seguir la instalación de posibles clientes;
    - o verificar el cambio o el cierre de los clientes;

- **TAREAS ADMINISTRATIVAS**
    - o planificar el trabajo diario;
    - o organizar el trabajo de campo;
    - o analizar clientes perdidos;
    - o preparar una lista de clientes potenciales;
    - o asistir a reuniones y convenciones de ventas;

- asistir a las sesiones de entrenamiento;
- mantenerse al día y ordenar su material;
- información para abrir crédito;
- información sobre las solicitudes de cancelación de crédito;
- informar a la compañía acerca de las actividades de la competencia en su territorio;
- la rendición de cuentas de los gastos;
- manteniendo de los clientes;
- preparar su kit, carpeta, muestras de materiales y accesorios de ventas.

La Contratación de Vendedores

Análisis de las responsabilidades y deberes.

- estudio de las principales actividades de un vendedor;
- tipo de vendedor que se requerirá para realizar las tareas;
- entrenamientos que se llevaran a cabo durante la contratación;
- política de remuneración.

DESCRIPCIÓN DEL PUESTO DE TRABAJO

Es un documento escrito con posterioridad de la fase de análisis de las responsabilidades, que tiene como objetivo orientar a los entrevistadores y todos los que están involucrados en la contratación.

ISBN: 978-1503258815

Descripción del trabajo de un vendedor al por menor:

Ejemplo:

Título profesional	Vendedor en el departamento de ropa de mujer
Deberes y responsabilidades	**General:** Vender los bienes y mantener el inventario. **Específica:** Servir a los clientes y gestionar sus peticiones Procesar las ventas en metálico y a crédito. Montar displays. Mantener las mercancías en los estantes. Informar al gerente del departamento.
Requisitos de formación	Capacidad de ventas .. Habilidad en los servicios administrativos. Bien parecido. Habilidades en las relaciones personales.

Especificaciones

- **Características físicas** - Apariencia, la comunicación, la postura y la salud.
- **Características mentales** - Habilidad en el razonamiento lógico, técnico o conceptual.
- **Características generales** - Sexo, edad, estado civil, clase social, etc
- **Personalidad** - La ambición, la honestidad, la autorrealización, el entusiasmo, etc
- **Nivel de experiencia** - La educación y el trabajo.

EL RECLUTAMIENTO

Las Fuentes de Reclutamiento

- La propia empresa.
- Otras empresas: competidores, clientes, y no competidores.
- Las instituciones educativas: escuelas, universidades, etc
- Anuncios.
- Agencias de empleo.
- Candidatos voluntarios.
- Los grupos minoritarios.
- Los aprendices.

El Proceso de selección

El proceso de selección requiere de un esfuerzo para encontrar al candidato adecuado para trabajar en ventas, con las características establecidas en la descripción del trabajo. Este proceso varía debido a varios factores, entre los que podemos mencionar:

- Tamaño de la organización;
- Naturaleza del producto;
- La ubicación geográfica;

- Situación del mercado de trabajo;
- Características personales del administrador.

Mientras que en las grandes empresas, por lo general, tienen un departamento encargado de llevar a cabo el trabajo de selección de personal, en las pequeñas y medianas empresas, el proceso de selección rara vez implica métodos sofisticados, predominantemente suelen consistir en una entrevista personal y en el análisis del plan de estudios. Algunos contratos se hacen con cita previa, o, en caso de escasez de personal cualificado, la falta de recursos o tiempo, se encargarán del proceso de selección y contratación las empresas especializadas en recursos humanos que hayamos contratado.

Las agencias ofrecen experiencia y conocimientos, que eviten los errores y los consiguientes costes que pudieran derivarse de contrataciones erróneas realizadas por profesionales sin experiencia. Generalmente cobran el equivalente al salario del trabajador que va a ser contratado y los anuncios se pagan por valor.

Etapas en el Proceso de Selección

ANÁLISIS DE LA DOCUMENTACIÓN

Implica el análisis de los documentos y curriculum vitae del solicitante, lo que permite, de una manera práctica, sin tener que evaluar las principales características requeridas.

Este análisis es un requisito básico, sobre todo cuando la contratación se realiza a través de la publicidad.

ENTREVISTAS PRELIMINARES

Muchas empresas llevan a cabo la entrevista inicial con el solicitante para evaluar aspectos clave, como la apariencia, comportamiento, tono de voz y la información proporcionada en el curriculum o formulario de evaluación.

La entrevista inicial sirve como los octavos de final, y complementa el análisis de los documentos presentados. La entrevista inicial puede ir acompañada de pruebas. En general, las empresas solicitarán al candidato que rellene el formulario de solicitud de empleo y hable de la razón por la que lo llevó a tomar esta decisión, y por lo tanto examinar las habilidades de comunicación escrita del candidato.

ANÁLISIS DE REFERENCIAS DEL CANDIDATO

Debe hacerse antes de contratar al candidato. Por supuesto, las referencias que hizo serán los que dan buena información al respecto. Sin embargo, para el conocimiento de las características de los candidatos como la puntualidad, relaciones humanas, etc, que pueden ser muy útiles, especialmente en la banca o para las referencias de trabajos anteriores.

LOS TESTS PSICOLÓGICOS

Muchas empresas hacen un uso intensivo de pruebas psicológicas, especialmente para determinar el grado de inteligencia, intereses y personalidad. El **test de inteligencia** nos da una idea de la habilidad y del nivel de abstracción del individuo. El **test de personalidad** analiza el nivel de sociabilidad, la iniciativa, la introversión, extroversión, etc.

Las **Pruebas de interés** tratan de determinar el nivel de interés del individuo en ciertos temas. En algunos casos, se utilizan **pruebas de aptitud** para determinar la persistencia, el deseo y la determinación de los candidatos.

LA ENTREVISTA

Después de todos estos pasos, la entrevista final debe estar cerca del proceso de selección. En general, quien hace la entrevista final es el mismo gerente de ventas o el administrador que está solicitando la contratación. Lo recomendable, sin embargo, es que esta entrevista sea realizada por más de un profesional. Así, en cada uno de estos aspectos de las entrevistas el candidato puede ser analizado de una manera más fiel a la realidad. Por ejemplo, un entrevistador puede comprobar el nivel de conocimientos del candidato, o comportamientos de las pruebas y las expectativas futuras, reacciones, etc. Con estas entrevistas múltiples, el riesgo de contratación equivocada disminuye.

EL EXAMEN MÉDICO

Después de seleccionar a los candidatos mejor cualificados para el trabajo de ventas, se envían a estos para pasar el reconocimiento médico. La salud es primordial en el desempeño del trabajo. Finalmente se produce la contratación.

CAPACITACIÓN PARA LAS VENTAS

Puede ser visto como una forma de optimizar las inversiones en la zona.

Objetivo: un mayor retorno de la inversión realizada en la contratación.

Las investigaciones de los gerentes de ventas en España, revelan que:

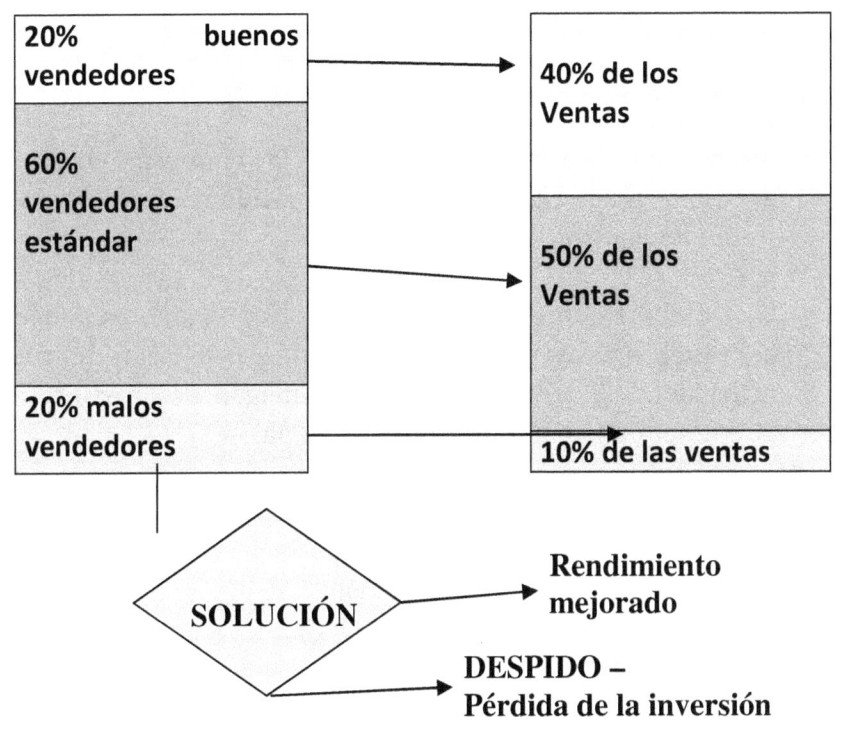

La Importancia de la Formación

PARA LA EMPRESA	Optimizar las inversiones Formación de un equipo más cohesionado Aumentar las ganancias y los ingresos La disminución de volumen de negocios.

PARA EL VENDEDOR	Factor de motivación Mejora del rendimiento en el trabajo El aumento de los ingresos.

Apesar todas estas ventajas para la empresa, algunos gerentes siguen considerando la formación como un gasto, tratando de evitarla de todos modos.

Los administradores encuentran que los vendedores deben aprender en su propio campo, en el ejercicio de sus actividades. El problema es que la imagen de la empresa puede ser dañada por prácticas indebidas.

Todo programa de formación debe contar con:

- Postura de la administración;
- Postura del equipo de ventas;
- Tamaño de la empresa;
- Disponibilidad de recursos;
- Tipo de producto;
- Etapa en el ciclo de vida del producto;
- Situación del mercado;
- El lanzamiento de nuevos productos.

Etapas para el desarrollo de un programa de formación:

ANÁLISIS DE LAS NECESIDADES

- Comienza con entrevistas con los vendedores y supervisores para identificar las debilidades que orientarán los temas a destacar.
- Determinación de directrices, políticas, estándares u otra información que deben de ser pasadas y seguidas por el personal.
- Para los principiantes, debe basarse en un análisis del cargo. Conocer las actividades a realizar, hace más fácil determinar qué tipo de información se necesita y que habilidades son requeridas.

LOS OBJETIVOS DEL PROGRAMA DE FORMACIÓN

- Mejorar las relaciones con los clientes
- Motivar al equipo de ventas
- Aumentar las ventas (uso de técnicas de ventas)
- Aumentar la rentabilidad
- Mejorar el uso del tiempo (gestión del tiempo)
- Reducir el costo de las ventas
- Controlar la fuerza de ventas

EL TIPO DE FORMACIÓN

	Objetivo:
	Familiarizar a los nuevos vendedores con la empresa, dándoles conocimiento de los productos comercializados y el conocimiento del objetivo

ENTRENAMIENTO INICIAL	y políticas de la empresa. **Aspectos cubiertos:** Producto y Mercado; Sociedad; Presentación de ventas eficiente; Territorio de ventas; Características de los clientes; Políticas de comercialización. **Nota:** En algunos casos se realiza el entrenamiento de campo, donde el vendedor pasa por una etapa inicial trabajando junto a un supervisor o con personal de ventas experimentado.
ENTRENAMIENTO	**Objetivos:** El enfoque se basa en la corrección de los aspectos de las mayores dificultades encontradas por los vendedores y sobre la actualización de nuevos productos y/o nuevas técnicas de venta.

DE RECICLAJE	**Aspectos cubiertos:** Evolución de las ventas; Situación del mercado; Competencia; Características de los nuevos productos; Herramientas de apoyo de ventas; Vicios de ventas; Análisis de *retroalimentación* del cliente. **Nota:** El entrenamiento de reciclaje puede ser continuo u ocasional, según la política de empresa para el sector y el tipo de producto.

PLANIFICACIÓN DEL PROGRAMA

En esta etapa todos los detalles deben ser planificados, tales como:

- Duración de la formación
- Lugar de celebración
- Responsable de la capacitación
- El contenido del curso

- Número de participantes
- Qué recursos se necesitarán, etc

En lo que respecta al local de entrenamiento, este puede ser:

- Centralizada - realizado en un lugar permanente.
- Descentralizado - puede estar en varios lugares como hoteles, entrenamiento de campo, etc

El **tiempo** para la capacitación y la **duración** debe ser considerada, a fin de no perturbar la vida de los vendedores o la productividad empresarial.

La elección de un profesional competente para **organizar cursos de formación** es crítica. Este debe tener un buen nivel de conocimiento del tema que se abordará y ser un orador interesante y convincente.

Con respecto al **número de participantes.** Debe limitarse a un máximo de 15 participantes. Más que eso hace difícil de seguir de cerca el progreso de los alumnos.

El **programa** debe incluir: días y horas de las presentaciones, los temas y los recursos.

Existe la posibilidad de desarrollo de la formación a través de sociedades de asesoría o especializadas en la formación. Estas empresas se encargan de todo el trabajo requerido, desde la identificación de necesidades hasta la implementación y evaluación.

PROGRAMA DE EVALUACIÓN

La evaluación se puede realizar al final de un período de actividades o por la **comparación del volumen de ventas**. Para saber si el programa está logrando los objetivos.

También es útil distribuir un **cuestionario de evaluación** al final del curso. Este cuestionario incluía preguntas que deben ser sobre la capacidad del instructor, el contenido, las opiniones y sugerencias del programa.

Formación para Formadores

En la presentación del instructor debe leerse sus **credenciales** (Experiencia profesional, nivel de educación, etc), ya que deben gozar de prestigio dentro del grupo. Si hay una falta de credibilidad, no tendrá el apoyo suficiente.

Intentar mantener la **puntualidad** de todos los horarios establecidos para la formación porque los retrasos ralentizan su progreso.

Antes de que el instructor comience a exponer debe aclarar el **contenido** que se presentará en dicha reunión y la importancia del conocimiento de la materia.

Se debe utilizar el método **hacer preguntas**, ya que fomenta la participación y, por lo tanto, requiere una mayor atención.

Al **buscar** un instructor no debe conformarse con cualquier punto, ya que muestra favoritismo hacia ciertos participantes. El instructor debe dirigir la palabra y animar a todo el mundo, sobre todo la participación de los más silenciosos.

Si usted experimenta **conversaciones paralelas** durante las conferencias, una de las actitudes que ayudan a mantener la disciplina es hacer un largo descanso, sobre todo para relajar la voz de los que estamos hablando. Otro enfoque consiste en formular preguntas para estas personas que están hablando, obligándolos a participar

El instructor siempre debe escuchar lo que cada uno tiene que decir, responder de manera adecuada y tratando de no despreciar a nadie, incluso en los casos en los que surgen antipatías personales.

Métodos de Formación

CLASES MAGISTRALES

Son esenciales en ciertas etapas de la formación como la formación inicial, en la que la administración desea orientar la formación en algunos procesos determinados.

Ventaja:
Proporciona condiciones para una mayor objetividad en determinados asuntos, ganando más tiempo.

Desventaja:
Se puede caer en la monotonía, porque la formación tiene una actitud pasiva. Una forma de afrontar esto es utilizando recursos audiovisuales (presentaciones multimedia, películas).

DEBATES

Se utilizan con mucha frecuencia en los programas de reciclaje. Su gran ventaja es permitir la participación de todos los participantes de forma interactiva.

Tipos:

- **Casos de estudios -** es presentar una situación real en la que los vendedores analizan y discuten las mejores soluciones para el problema presentado.
- **Dinámicas de grupo –** los temas se discuten en pequeños grupos.
- **Mesa Redonda** - Un tema es debatido y puesto en discusión para todos los asistentes.

SIMULACIÓN

Consiste en representar una situación en la que un participante hace el papel del vendedor y el otro comprador.

Los otros participantes asistentes a la presentación analizando sus fortalezas y debilidades en una discusión al final.

Ventajas

Todo el mundo se beneficia de ella. Esta presentación puede encontrar sus puntos débiles y corregirlos. Otras ventajas, son la observación y desarrollar la capacidad de análisis para corregir sus propios defectos.

Desventaja

En la mayoría de los casos, la persona pierde la naturalidad.

OTROS MÉTODOS

También existen otros métodos tales como:

- Declaraciones
- Lecturas
- Boletines
- Conferencias
- Cursos externos
- Cuadernos de ejercicios

Puntos a Destacar en una Formación de Ventas

El vendedor debe conocer su empresa e identificarse con ella - La mayoría de las empresas dedicadan la primera parte de la capacitación a las cuestiones institucionales, en las que se incluyen la historia y los objetivos de la empresa, el régimen de organización y la organización de la autoridad.

El vendedor debe conocer sus productos - durante el entrenamiento debe demostrar al "entrenador" como juzga los productos y cómo funcionan en diversos usos, es decir, sus beneficios para los clientes.

El vendedor debe conocer las características de los clientes y la competencia - El vendedor debe entender completamente los diferentes tipos de clientes, sus necesidades, motivaciones y hábitos de compra. También debe aprender la política de crédito, distribución, etc, tanto para la empresa y la competencia, así como toda la línea de productos similares a los suyos.

El vendedor debe aprender a hacer presentaciones de ventas eficaces - El vendedor debe tener los mayores argumentos de venta para cada producto existente.

El vendedor debe conocer los procedimientos de campo y sus responsabilidades generales - El vendedor debe saber como dividir su tiempo entre los clientes activos y los clientes potenciales. Cómo preparar los informes de las visitas, cómo llenar el formulario de pedido, rellenar el formulario con los datos del cliente y cómo seguir un guión programado basado en visitas a clientes.

El vendedor debe conocer su territorio de ventas - Es importante conocer los límites de su territorio, clientes potenciales y actuales.Esto evita la pérdida de tiempo debido a la falta de tiempo para las visitas.

El vendedor debe administrar su tiempo - Debe administrar su tiempo entre las visitas y la locomoción, entre las visitas de prospección de negocios y las visitas a clientes existentes entre las actividades burocráticas.

LA MOTIVACIÓN

Una de las principales actividades de trabajo de un gerente de ventas es la de mantener la motivación de los vendedores.

Incluso si el proceso de contratación es el mejor, debido a la selección cuidadosa y está bien hecho, si no hay posibilidad de mantener al equipo motivado, es difícil de obtener buenos resultados.

La motivación es un impulso que logra que los vendedores trabajen con entusiasmo, voluntad y garra.

La motivación es interna y compulsiva. Es una fuerza con la que el individuo recibe el resultado de una satisfacción psicológica en el trabajo.

A pesar de ser íntimo y personal, el administrador puede y debe crear las condiciones para que eso suceda. Este tiene que hacer el trabajo lo más interesante posible, delegar la responsabilidad, proporcionando oportunidades de progreso y crecimiento.

El Ciclo de la Carrera del Vendedor

TIEMPO

Factores motivacionales del vendedor

Entrenamiento Imagen de la compañía Desafío Ganancias Bueno para el Entorno	Ganancias Desarrollo Desafío La imagen de la empresa Reconocimiento Entrenamiento Seguridad Buen ambiente	Ganancias Buen ambiente Reconocimiento Desafío Seguridad Entrenamiento Departamento eficiente Autonomía Beneficios La imagen de la empresa	Ganancias Beneficios Tiempo personal Los buenos premios Seguridad La imagen de la empresa Entrenamiento Autonomía Reconocimiento

Etapa de preparación - En esta etapa es donde están los nuevos vendedores, que pueden ser novatos en relación con la actividad de ventas actual, la empresa o el producto. Necesitan ser conscientes de las funciones que deben

ISBN: 978-1503258815

desempeñar y el entorno en el que van a trabajar. Durante este período, la formación es un ingrediente esencial.

Etapa de desarrollo - Los vendedores que ya se preparan necesitan convertir la formación en resultados productivos. En general, esta productividad se mide por parámetros tales como el volumen total de ventas, el número de nuevos clientes y el costo X de cada venta.

Etapa de madurez - La primera muestra presentada por el vendedor, en este período es un cierto descenso en su productividad. De hecho, sucede que algunos vendedores parecen alcanzar una capacidad calculada, más allá de que no sean capaces de ir o no ir. Una de las razones tal vez radica en el hecho de que estaban satisfechos con los volúmenes de ventas e ingresos presentados. Esto ocurre, en parte, porque ya han cumplido con todas las necesidades básicas en el momento y están en el proceso de búsqueda de un estatus social y del éxito profesional.

Etapa de declinación - La falta de incentivos y la imposibilidad de carrera dentro de la empresa son los principales indicadores que conducen a este estado a cualquier profesional. En ella, el descenso de la productividad es constante. Los vendedores experimentados comienzan a cansarse con facilidad debido a la fatiga física y agotamiento emocional.

Factores que Mejoran la Motivación

Tareas claras – A la gente le gusta trabajar en organizaciones que establezcan claramente qué se espera de ellos en términos de resultados.

Necesidad de logros – Esta es una característica adquirida por el individuo que, por alguna razón, establece objetivos para tener éxito en la vida, para llegar a los más altos peldaños del éxito.

La remuneración con incentivos - Este es un fuerte factor de motivación que, por tanto, un buen salario crea fuerte vínculo entre la recompensa (y a menudo el reconocimiento) y el esfuerzo invertido (a través de los resultados reales de las ventas).

La buena administración - Es aquella que utiliza criterios apropiados para los ejercicios de recompensa y de liderazgo (establece metas, establece los criterios de evaluación, tiene empatía, demuestra el conocimiento).

El Plan de Carrera

Las empresas generalmente incluyen en los planes de compensación de algunos vendedores sistemas como:

- Plan de Beneficios.
- Plan de Evaluación del Desempeño.

- Plan de carrera.

PLAN DE BENEFICIOS

Cada vendedor sueña con una empresa que ofrece beneficios indirectos, como el seguro médico, plan de pensiones, que cubra los gastos de transporte, entre otros. La siguiente tabla muestra el orden de preferencia de los proveedores.

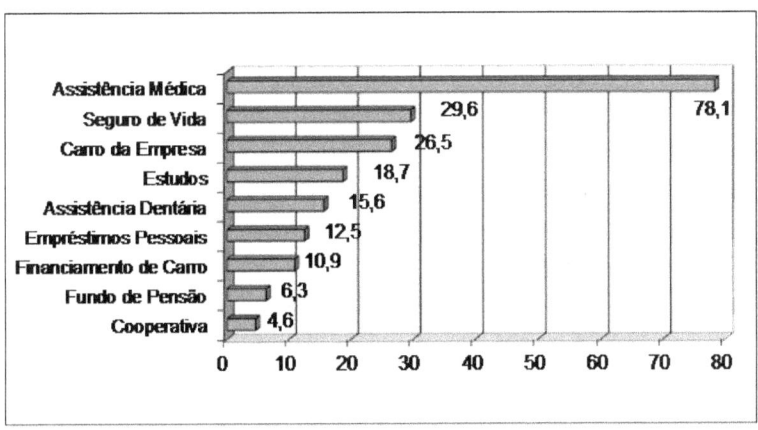

PLAN DE EVALUACIÓN DEL RENDIMIENTO

Objetivos:

- Conocer la fuerza de ventas potenciales del personal de la empresa.

- Habilitar al administrador y al supervisor de la conciencia de su papel en el desarrollo y adaptación del equipo.

- Activar el diálogo sistemático jefe con su subordinado acerca de las dificultades que hay que superar para el mejor desempeño de sus funciones.
- Comprobar los resultados obtenidos por el personal en la selección y su desempeño en un proceso de simulación de trabajo real.
- Indicar las necesidades de formación que se deben cumplir a través de los cursos ofrecidos por la empresa.
- Proporcionar complementos en los salarios, de acuerdo con el rendimiento alcanzado por el empleado.
- Habilitar líderes para identificar cuáles son sus principales problemas que dificultan una buena supervisión.
- Proporcionar un aumento de la productividad a medida que las dificultades planteadas se van resolviendo.
- Crear rangos salariales y establecer un plan de carrera basado en la evaluación del desempeño.

Teniendo en cuenta estos objetivos, se deben considerar las aspiraciones de los empleados, ya que a través del trabajo, muchas personas tratan de satisfacer sus necesidades. Estas acciones están dirigidas a llegar a ellos, y por esta razón, su conducta debe orientarse a conciliar sus aspiraciones con los objetivos de la empresa.

FACTORES PARA EVALUAR A LOS VENDEDORES:

- Técnicas de venta.
- El conocimiento del producto.
- Cierre de la venta.
- Servicio de atención al cliente.
- Guión de visitas cumplido.
- La asistencia a la visita.
- Aumentar el número de clientes.
- El logro de las metas.
- El rendimiento en la asignación de descuentos.
- Distribución de material promocional.
- La apariencia personal.
- Iniciativa.
- La cooperación con los colegas.
- Finalización y entrega de informes.
- Liderazgo.
- Realizar formularios.

FACTORES PARA EVALUAR A LOS ADMINISTRADORES:

- Liderazgo.
- Creatividad.
- Iniciativa.
- La administración de personal.
- Sociabilidad.
- Planificación y Organización.
- Desarrollo de los subordinados.

FACTORES PARA EVALUAR A LOS SUPERVISORES:

- Cumplimiento de la Hoja de Ruta.
- El logro de los objetivos.
- Buena voluntad hacia los jefes.
- Pruebas.
- Liderazgo.
- Desarrollo de los subordinados.

EL PLAN DE CARRERA

A menudo, los administradores tratan de mejorar el nivel de motivación de sus vendedores a través del desarrollo de un plan de carrera. Por lo tanto, los vendedores se sienten más motivados, con la expectativa de progreso en la empresa.

La cuestión clave es definir cómo prolongar el ciclo de la carrera del vendedor en la empresa. Si los factores de un lado como los ingresos, la formación y el trabajo desafiante, han ayudado a mantener a los trabajadores de la empresa, lo cierto es que el ciclo de vida se ha extendido sólo con el apoyo de un plan de carrera.

Por lo tanto, es a través de un plan de carrera que muchas organizaciones buscan reducir la rotación del personal de ventas.

El plan de carrera, con el apoyo de un buen plan de evaluación y el rendimiento de un sistema de compensación efectivo, ayuda a dirigir los esfuerzos de los vendedores para alcanzar las metas y las estrategias de la compañía en las ventas.

Progresión de la Carrera del Vendedor

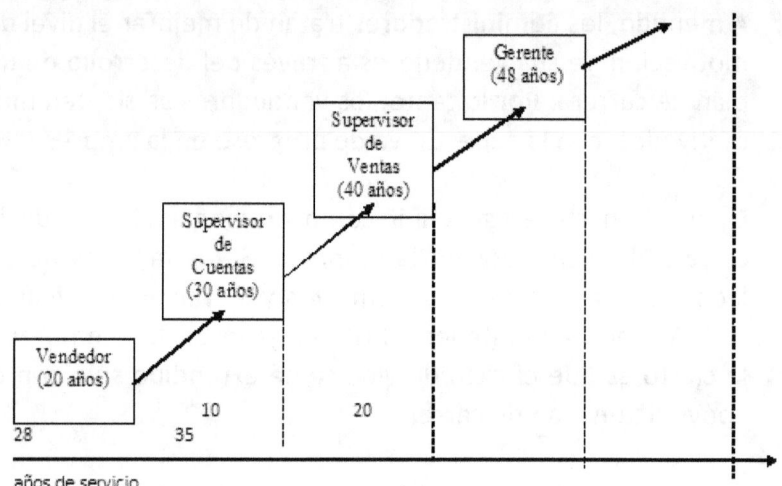

años de servicio

Factores que Afectan a la Moral de los Vendedores

La falta de confianza en la administración - Puede ocurrir en algunos casos de algunos gerentes recién contratados que no conoce bien su campo de experiencia, tienen un carácter incompatible con el resto de trabajadores, antipatías personales, entre otros.

Las condiciones de trabajo - **Confundir estructuras y funciones que están mal distribuidos o inexistentes líderes crean una alteración del clima, lo que acaba en frustración.**

Características del cargo - En algunas empresas, los vendedores son tratados como empleados de nivel inferior por puro prejuicio. En otros reciben otras funciones como la facturación, informes de presentación, etc.

Otras causas:
- La falta de reconocimiento por su buen desempeño.
- La insatisfacción con promociones esperadas.
- La mala distribución de territorios o unidades de venta.
- Los despidos masivos.

Ventas Técnicas

La gestión de ventas debe de preocuparse por el desarrollo de las habilidades de sus vendedores. Las técnicas de venta son cruciales para la imagen de la empresa.

Mejorar el desempeño de los vendedores significa mejorar el nivel de prestación de los servicios de la empresa y, en consecuencia agregar beneficios a los productos comercializados.

REQUISITOS DE UN VENDEDOR RESPONSABLE

Características Personal	Ropa
	El tono de voz
	Educación
	Postura
Características de Personalidad	El dinamismo y la versatilidad
	Habilidades en las Relaciones Humanas
	La responsabilidad y la determinación
	Poder de Decisión
	Gestión del Tiempo

GESTIÓN DEL TIEMPO

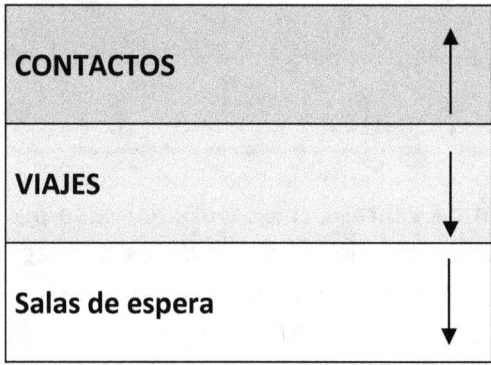

Herramientas útiles para la gestión del tiempo de un vendedor:

- La planificación estratégica;
- Rellenar los informes;

- El uso del teléfono y el correo electrónico;
- Preparación de material de presentación (tarifas, condiciones, etc);

EL PROCESO DE VENTAS

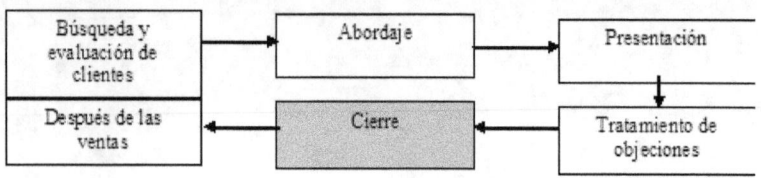

La Búsqueda y Análisis de Clientes

Los vendedores deben seleccionar los clientes que aumentan la rentabilidad de cada visita realizada, ya que su capacidad de vender está limitada por el tiempo.
Hay varios métodos para obtener los nombres de los clientes y luego seleccionar los más calificados:

- *NC* - Indicación de los nuevos clientes existentes.
- *Centro de Influencias* - Mantener el contacto con personas influyentes.
- *La observación personal* - A través de conversaciones, revistas, diarios.
- *Asistente de Ventas* – Usar a un vendedor junior, para la prospección.
- *Otras fuentes* - Ferias, exposiciones, directorios, indicaciones de amigos.

ISBN: 978-1503258815

Abordar al Cliente

La apariencia es muy importante en el enfoque inicial.
El contacto debe realizarse preferentemente con cita previa.

Tratar de vender la entrevista a la secretaria.

Utilizar siempre la honestidad y la sinceridad.

Es esencial despertar la atención de los compradores, sino el mensaje no se podrá asimilar.

Hay algunos métodos que ayudan a llamar la atención sobre el enfoque:

- *Presentación* - La entrevista debe iniciarse con el vendedor y la presentación personal de su empresa.
- *Enfoque del producto* - Ampliamente utilizado en el comercio minorista, donde el enfoque se realiza mediante la demostración del producto o comentarios.
- *Método de hacer preguntas* - ¿Cómo despertar la atención de los clientes?, se requiere la participación de estos. Sin embargo, las preguntas deben estar bien formados, evitando, por ejemplo, los que tienen un atractivo particular.
- *Abordaje con alabanzas* - La alabanza es un muy bien pique para la atención de la gente.

La Presentación en las Ventas

En cualquier presentación, el vendedor debe tener en cuenta los objetivos de un proceso de ventas: **Atención, Interés, Deseo y Acción (AIDA).**

La presentación supone la formación y el desarrollo de habilidades técnicas deseable.

La declaración debe ser simple y fácil de entender.

Deben ser evitados aspectos que puedan distraer la atención del cliente.

El vendedor debe obtener retroalimentación positiva del cliente.

Cómo tratar las Objeciones

Las objeciones pueden ser verdaderas o falsas. Las falsas son difíciles de identificar, pero con la práctica y a través del método de la observación al poder reunirse con ellos, provocará que la persona se siente incómoda cuando mientes.

Cuando una objeción sea cierta, será un paso hacia el cierre de la venta, ya que es una señal de que el cliente está interesado en comprar.

Para responder adecuadamente a las objeciones es necesario que el vendedor:

- Escuche la objeción con cuidado, y que la identifique como verdadera o falsa.
- Concordar y contraatacar.
- Preguntar el motivo de la objeción y hacer preguntas específicas.
- Posponer la respuesta, si es necesario.
- Basado en la experiencia pasada, es posible identificar las objeciones más frecuentes y planificar algunas respuestas, que deberían adaptarse según la situación.

El Cierre de la Venta

- **Directo** - Hacer la solicitud directamente al cliente, sin rodeos;
- **La formación de barreras** - Formular varias preguntas, inducir al cliente a decir "sí" a todas ellas. Por lo tanto, el vendedor crea ciertas barreras psicológicas, sin razón aparente de rechazar la oferta.
- **Ofertas especiales** - Las ofertas que motivan la compra incluyen inmediatamente enfoques como: "compre luego, estoy con la nueva tabla de precios".

Después de las ventas

- Es hora de cumplir con todas las promesas hechas, "el momento de la verdad."
- El cliente ha aceptado todas las condiciones y ahora quieren la confirmación de lo que se prometió.
- Se debe hacer todo lo posible para proporcionar el nivel prometido de satisfacción al consumidor.

TIPOS DE VENTAS

Estímulo-Respuesta

El vendedor crea estímulos al cliente a través de un repertorio de palabras (texto decorado) y acciones para producir la respuesta deseada, para que este acabe comprando.
Es bien aceptado por el comprador, que prefiere el diálogo.
Cualquier interrupción en la representación de la venta reduce el impacto emocional.

Estado Mental

Procura despertar en el comprador: atención, interés, deseo y acción de compra.
El mensaje de las ventas debe proporcionar la transición de un estado mental a otro, este es el método más difícil.

Satisfacción de las Necesidades

- El cliente compra productos o servicios para satisfacer una necesidad específica, identificar esto es la tarea del vendedor.
- El vendedor debe utilizar técnicas de interrogatorio.

- El vendedor debe crear un clima amable, un ambiente de baja presión para dar más confianza a los clientes.

Solución de Problemas

Es una continuación del modelo anterior.
Una vez identificados los problemas del cliente, le corresponde al vendedor proponer las soluciones que proporcionen la satisfacción del cliente.

EL CONTROL DE VENTAS

El **control** de las actividades de ventas de la compañía se realiza para asegurarse de que no se están alejando de los objetivos previstos. Para esto, es necesario **analizar** la información **y evaluar** los resultados.

El trabajo de ventas debe estar debidamente documentado para permitir la función de control por parte de los administradores. Es por esta razón que muchas empresas exigen a sus vendedores rellenar informes de situación.

Métodos para el Control

- **Cuotas** - Verificación de vendedores, observando su desempeño en relación con otros miembros del equipo y comparando su historial de ventas.
- **Presupuestos** - Definido en la planificación estratégica y monitorizados mensualmente. Usted siempre debe buscar los ajustes de acuerdo a los factores del entorno o sociales.
- **Auditoría de ventas** - La evaluación de los objetivos, estrategias, tácticas y políticas de ventas de la empresa (perspectiva estratégica).
- **Análisis de ventas** - Profundizar y comparar los resultados con otros competidores en situaciones como su entorno, sus clientes potenciales, etc (fortalezas y debilidades).

La Auditoría de las Ventas

Consiste en un examen periódico, sistemático e independiente del departamento de ventas de la compañía cuyo objetivo es determinar las áreas problemáticas y recomendar un plan de acciones correctivas para mejorar la eficacia de las ventas de la compañía.

El trabajo de auditoría consiste en tres etapas:

Análisis Situacional	Evalúa el estado actual de la compañía y sus operaciones anteriores a través de analizar los datos y estudiar el histórico de las actividades anteriores de la compañía.
Investigación Funcional	Tiene como objetivo encontrar la posición relativa de la empresa en el mercado, mediante la detección de posibles fallos de la empresa (fortalezas y debilidades) y consultar contrastar los datos con la competencia (amenazas y oportunidades).
Recomendaciones	Los fracasos se deben identificar y las sugerencias deben hacerse a través de cambios en la estructura de ventas o en cambios en los objetivos.

La información de auditoría de ventas puede incluir los siguientes tipos:

- Tamaño de la fuerza de ventas.
- Organización de la fuerza de ventas.
- Evaluación de los criterios para la determinación de las cuotas.
- La evaluación del desempeño de los proveedores.
- Evaluación del nivel de motivación del personal de ventas.
- El control de las formas por las cuales los compradores con localizados.

El Análisis de las Ventas

Se trata de una comparación de los resultados actuales con las ventas de las ventas esperadas. Si por casualidad las ventas no se mueven de acuerdo con los objetivos, los responsables pueden ser llamados a justificar los resultados.

El análisis de ventas se puede hacer mediante la observación de los siguientes factores:

VENTAS TOTALES

Aquí se consideran las ventas totales, incluyendo la suma de todos los territorios, productos o cualquier otra división.

Este método se caracteriza por su simplicidad, ya que nada es más necesario que sumar todos los datos de ventas.

Es normal comparar el rendimiento de las ventas totales de la compañía a las ventas totales de la industria, el resultado nos da visión de la cuota de mercado.

Las ventas generales no revelan los detalles que a menudo se necesitan.

VENTAS POR CLIENTE

Vamos a observar que grupos dan mayor rendimiento y cuales están perdiendo dinero.

La clasificación de los clientes varía según el mercado en el que opera la empresa. Se pueden agrupar en:

- *Tipo de actividad* (Gobierno, los minoristas, mayorista).
- *Compra potencial* (Tipo A, tipo B o tipo C).
- Clientes específicos.

Los datos deben ser recogidos con el fin de permitir el análisis de la información histórica. Esto hace que sea posible evaluar la participación del cliente en relación con el volumen de negocios de la empresa en diferentes períodos.

Este análisis ayuda a dirigir los esfuerzos de marketing a los clientes objetivo de la empresa o corregir las distorsiones causadas por la regla 80-20.

VENTAS POR TERRITORIO

Es una manera eficaz de controlar que los vendedores están desempeñando mejor su trabajo y los que no lo están haciendo bien.

En los casos de los territorios en los que opera más de un proveedor, usted debe analizar el desempeño individual. En este caso, el uso de la cuota establecida y distribuida es muy útil.

Analizar datos como el número de visitas, los contactos efectuados, presentaciones, etc, puede evaluar el desempeño y buscar maneras de corregir las distorsiones del proceso.

ANÁLISIS DE COSTES

Existe la necesidad de comprobar el nivel de gasto de los resultados. Para ello, debe responder a preguntas como:

- ¿Qué significa más ganancias para las ventas?
- ¿Qué es la compensación mínima para el negocio?
- ¿Cuáles son las posibilidades de reducir los costos operativos?

Las formas más comunes de análisis de costos incluyen el análisis de las actividades de marketing, segmentos de mercado y los gastos totales.

CORREGIR ERRORES

El objetivo del control es mejorar la rentabilidad de la actividad de ventas o de alcanzar los niveles deseados de trabajo por la dirección. Por lo tanto, cuando se hacen necesarias, las acciones correctivas, se hacen en base a los resultados de la revisión o auditoría de las ventas.

Es necesario, en caso de que el vendedor no esté alcanzando su cuota o no esté su rendimiento no sea rentable, hay oportunidad para las correcciones.

Es importante que los vendedores o los resultados de ventas no sólo se evalúen como aspectos cuantitativos. Es recomendable incluir también aspectos relacionados con la satisfacción de los consumidores o a la atención adecuada de la fuerza de ventas.

EL SERVICIO DE ATENCIÓN AL CLIENTE

Se puede **definir el servicio de atención al cliente** como "la medida de actuación de la empresa para proporcionar en tiempo y lugar un producto o servicio". No hay que confundir el concepto de atención al cliente con el de satisfacción del cliente, ya que este último es más amplio e incluye los elementos del marketing mix: producto, precio, promoción y distribución.

El nivel del servicio de atención al cliente está directamente relacionado con la efectividad de la cadena de suministros y con el proceso de gestión, por ello, cuanto más efectiva sea la gestión de la cadena de suministros mayor valor tendrá el servicio prestado al cliente.

Actividades del Servicio de Atención al Cliente

El servicio de atención al cliente se compone de **diversas** actividades a desarrollar, antes, durante y después de la venta.

Antes de la venta.

- Política de Servicio de atención al cliente.

- Transmisión de la política del Servicio de atención al cliente.
- Adecuada estructura organizativa.
- Flexibilidad del sistema.
- Servicios de gestión y apoyo.

Durante la venta.

- Disponibilidad de existencias.
- Información de pedidos.
- Precisión en la información.
- Consistencia en el Ciclo de pedidos.
- Envíos especiales de mercancías.
- Transporte.
- Facilidad de realización de pedidos.
- Sustitución del producto.

Después de la venta.

- Instalación, garantía, alteraciones, reparaciones…
- Reclamaciones, quejas y devoluciones.
- Sustitución temporal de productos.

Un **servicio eficaz** de atención al cliente en la **cadena de distribución** implica:

- El conocimiento y seguimiento de las políticas marcadas por la dirección en materia de servicio de atención al cliente.
- La disposición de una estructura organizativa formada, profesional y organizada, donde las funciones y responsabilidades están asignadas.

- La existencia de una cultura de orientación al cliente, tanto interna como externa.
- La gestión de la demanda en base a la segmentación de la cartera de clientes.
- El dimensionamiento de la capacidad logística en función del nivel de servicio estipulado por la dirección.

Dentro de un servicio de eficacia hay que hacer una mención especial al **servicio post-venta**, ya que cada vez cobra mayor importancia en la relación con el cliente. El servicio de postventa incluye las funciones de reparación, instalación, mantenimiento, formación y soporte tras haber realizado la venta.

El servicio de atención al cliente juega un papel importante en el desarrollo y mantenimiento de la fidelidad y satisfacción del cliente. Esta fidelización del cliente permite a la organización "retenerlo", de manera que se asegura la rentabilidad de la inversión de captación, desarrollo de productos y prestación del servicio. Por este motivo el servicio de atención al cliente se puede considerar como una de las **actividades estratégicas básicas de la empresa**.

El servicio de atención al cliente es un elemento que incide directamente en la cadena de suministro, si la planificación de la demanda y suministro, las compras, la producción, el almacenaje y la entrega no resultan flexibles para satisfacer en el tiempo y en el modo las necesidades del cliente, éste percibirá negativamente el servicio que se le ofrece. Un sistema logístico eficaz, rápido y flexible, por el contrario, permitirá un servicio de atención al cliente de calidad.

Si la calidad del producto o su precio son fácilmente imitables, alcanzables o superables, la atención al cliente conforma un factor determinante en los servicios de pre-venta, de venta y de post-venta, convirtiéndose en elemento diferenciador y en una ventaja notable para la empresa.

La Optimización del Servicio de Atención al Cliente

La mejora en los procesos de la cadena de suministros son un aspecto clave para la **optimización del servicio de atención al cliente**, por lo que resulta importante para:

- Tener identificados los procesos y los subprocesos de la cadena de suministro.
- Realizar un análisis de los procesos cuyos objetivos fundamentales sean:
- Identificar los problemas de los procesos en relación con el impacto en el servicio de atención al cliente.
- Establecer indicadores de gestión de servicio de atención al cliente que midan la eficacia y la eficiencia de los procesos.
- Proporcionar información relativa a la estructura organizativa.

- Identificar las oportunidades de mejora y realizar un plan de acción.
- Consensuar, aprobar e implantar las mejoras identificadas. El principal desafío de la mejora de procesos es el establecimiento y aceptación de nuevas medidas de actuación.
- Revisar y realizar el seguimiento de los procesos con el fin de establecer la mejora continua de los mismos. La mejora continua supone la demanda continuada de dedicación y vigilancia.
- Disponer de un manual de procedimientos en el que queden plasmados los procesos para la gestión de la cadena de suministro, que incluya los aspectos necesarios para asegurar la calidad de cara al servicio de atención al cliente.

La Satisfacción del Cliente

La satisfacción del cliente es el resultado de **comparar** la expectativa que tiene el cliente con la percepción del servicio o del producto que recibe. Cuanto mejor sea la percepción del cliente del servicio recibido y más acorde sea con las expectativas del mismo, mayor será la satisfacción del cliente ante el servicio prestado por la empresa.

Puesto que la satisfacción del cliente es el resultado de comparar lo percibido con lo realmente esperado, el cliente espera recibir un servicio con una calidad como mínimo a la recibida en la situación anterior en que se le prestó servicio.

Esta situación muestra la necesidad de una mejora continua para satisfacer las expectativas de los clientes, por lo que resulta imprescindible que todos los empleados de la empresa se involucren en un sistema que permita la mejora de la calidad del servicio.

Dicho lo anterior, las **principales prioridades** son las siguientes (Fuente *PricewaterhouseCoopers*):

- Plena satisfacción del cliente – Como prioridad absoluta.
- La calidad es lo primero – Como factor estratégico clave.
- Mejora continua de los procesos – Como prioridad operativa
- Compromiso de todos los empleados – Como única vía posible.

La empresa debe realizar la **medición** y la **evaluación** de la percepción real de los diferentes tipos de clientes y de las expectativas de los mismos, lo que permitirá:

- Conocer el nivel de satisfacción del cliente por el servicio recibido.
- Conocer las deficiencias existentes en la prestación del servicio.

Los **sistemas de medición de la satisfacción** del cliente pueden ser mecanismos de medición indirecta y mecanismos de medición directa. De estos sistemas de medición los más eficaces son los cuestionarios anónimos, ya que se muestran más sinceros en sus apreciaciones.

Mecanismos de **medición indirecta**:
- Sistemas de quejas.
- Buzón de sugerencias.
- Reuniones con los clientes de forma periódica.
- Mecanismos de medición directa:
- Entrevistas cualitativas.
- Cuestionarios de satisfacción.
- Gestión de incidencias

El sistema de gestión de las incidencias posibilita el **control del volumen** y la **procedencia** de las mismas, así como los responsables y el periodo medio de resolución, lo que facilita su resolución y la mejora de la calidad de la empresa.

Las **situaciones problemáticas** más **comunes** son las siguientes (*PricewaterhouseCoopers*):

- No existe un proceso de Gestión de Incidencias correctamente definido.
- El factor tiempo no se considera prioritario.
- No se documentan adecuadamente las incidencias y no se organizan según la causa.
- No se asignan responsabilidades para resolverlas.
- La dirección no se hace cargo de las mismas.
- No se analizan las causas que las producen.
- No se realizan proyectos encaminados a evitarlas.
- No se valora la calidad como fuente de información.

La empresa debe disponer de un **servicio de atención al cliente** que el cliente perciba e identifique claramente, considerablemente flexible en cuanto a horarios para que se pueda transmitir la queja o reclamación. Por ello habrá que definir claramente los medios de comunicación a través de los cuales se podrán transmitir dichas quejas: número de teléfono, fax, e-mail...

Los **componentes básicos** necesarios para disponer de un **buen sistema de Gestión de Incidencias** son los siguientes; de pronta identificación, de adecuado registro y comunicación y de eficiente resolución:

- **Pronta identificación:** Gestión de incidencias
    - Asignación de prioridades.
    - Enfoque proactivo.
    - Adecuación de recursos.
    - Selección del método de contacto.
    - Adecuado registro y comunicación: Documentación de la incidencia
    - Base de datos histórica.
    - Código de causa de error.
    - Asignación de resolución.
    - Canal de comunicación.
- **Eficiente resolución:** (Control y seguimiento de incidencias)
    - Responsabilidades.
    - Plazos de actuación.

Habrá que realizar un **análisis exhaustivo de las causas y de las acciones** encaminadas a la erradicación de las incidencias, considerando los siguientes aspectos:

- Obtención de estadísticas.
- Análisis de causas originales.
- Acciones correctivas
- Mejora del servicio de atención al cliente

Resumiendo, se puede concluir que los **aspectos más valorados de la prestación de un servicio de atención**, según los clientes, son los siguientes:

- La empresa que presta el servicio llama por teléfono a la hora convenida.
- Se proporciona una explicación de cómo surgió el problema.
- Se da información para que se sepa a qué teléfono llamar.
- Se contacta rápidamente tras resolver el problema.
- Se permite hablar con alguien con autoridad.
- Se especifica el tiempo que se tardará en solucionar el problema.
- Proporcionan alternativas útiles si resulta imposible solucionar el problema.
- Se trata a los clientes como personas, no como a un asiento contable.
- Se dan consejos sobre la mejor forma de evitar problemas en un futuro.
- Se proporcionan informes parciales si el problema no puede resolverse inmediatamente.
- El ambiente de la oficina.

TÉCNICAS DE VENTAS

El Marketing Directo

Ante el creciente interés por el conjunto de prácticas comerciales desarrolladas bajo el concepto de marketing directo, tanto en el terreno de la comunicación, como en el ámbito de la distribución comercial, motivado por su creciente desarrollo en el panorama general de marketing, se aprecia la existencia de **múltiples definiciones**. Sin embargo, cada una de ellas analiza esta realidad comercial desde perspectivas parciales. Así, se aprecian definiciones que potencian sus elementos comunicativos y otras que destacan, principalmente, sus aspectos transaccionales.

Una de las definiciones más frecuentes sobre el marketing directo es aquel que lo define como "el conjunto de técnicas que facilitan el contacto inmediato y directo con el posible comprador, especialmente caracterizado (social, económica, geográfica, profesionalmente...), a fin de promover un producto, servicio o idea, empleando para ello medios o sistemas de contacto directo (mailing, telemarketing, buzoneo, televenta, y todos los nuevos medios que nos facilitan los avances tecnológicos on line)".

Una definición más simple pero más clara sería la que define el marketing directo como "todo tipo de comunicación personal, a través de diferentes medios, que introduce la posibilidad de establecer una interacción".

El marketing directo tiene dos **objetivos**:
- Ganar clientes.
- Fomentar la fidelidad de los clientes. A su vez, este objetivo puede estar dirigido a que repitan la compra o a mantener la adquisición permanente de un producto.

Las **características** y ventajas del marketing directo frente a los sistemas tradicionales de promoción y venta son:

- Es **medible**: Sus resultados y su eficacia se pueden medir. La respuesta que se obtiene de forma directa e inmediata permite establecer resultados cuantitativos y evaluar la rentabilidad de la acción.
- Es **personalizable**: Es una técnica que facilita la toma de contacto de forma directa e inmediata, permite conocer diferentes informaciones sobre nuestro público objetivo a través de las bases de datos, identificándolo en términos de perfil individual, ofreciéndonos, por tanto, una gran personalización. Esto hace que se dirija únicamente al público que desea ir frente a los demás sistemas, que utilizan medios universalistas. Internet nos permitirá llegar al objetivo último del marketing, llegar al "one to one" (persona a persona).
- Ayuda a crear **bases de datos**: Independientemente de que en un momento determinado se compren, las empresas han de tender a crear sus propias bases de datos.
- Lleva la **"tienda" a casa**, modificando el papel y las características de la distribución: En lugar de atraer al cliente hacia la tienda, le acercamos todo aquello que

necesita a su hogar, sin necesidad de moverse ni desplazarse, permitiéndole adquirir productos, servicios, realizar negocios, etc.
- Es **interactivo**: Comunica de forma directa el mensaje a su público objetivo, obteniendo de él una respuesta inmediata y pudiéndole responder de la misma forma, a través del e-mail marketing (que veremos posteriormente).
- **Fidelización**: Al establecerse una comunicación interactiva con el cliente, se llega a conocerle más profundamente, lo que nos permitirá poder ofertarle aquello que realmente satisfaga sus necesidades.
- Posibilidad de **evaluar** las **estrategias** comerciales: Las respuestas que se obtengan nos permitirán analizar los resultados de una determinada campaña.

El Buzoneo

El buzoneo consiste en hacer llegar a todos los buzones o domicilios de una zona determinada un folleto especialmente diseñado para conseguir una respuesta.

Para ello se pueden utilizar diversos mensajes centrales, tales como anuncio de una promoción, catálogo de un establecimiento, de un regalo, de una demostración...

El buzoneo presenta una serie de ventajas e inconvenientes.

El Telemarketing

El telemarketing es una estrategia de marketing directo que busca, a través del uso de instrumentos de comunicación (especialmente el teléfono), llegar de forma personal a los diversos usuarios ofreciendo productos o servicios para enfrentar las dificultades de mercados cada día más competitivos, tratando al mismo tiempo de ahorrar costes de comercialización y mejorar la efectividad en la introducción de productos para la venta.

La utilización de tecnologías de comunicación para tener un contacto directo, eficiente y rápido con los usuarios crea ventajas competitivas en el mundo de los negocios, reemplazando o complementando el uso de formas tradicionales de comunicación con el cliente como la publicidad personal, el uso de ventas directas o la necesidad de tener sucursales o puntos de venta especiales.

En los últimos años, el sector del telemarketing está experimentando un rápido crecimiento. El telemarketing se ha constituido como una herramienta sistemática dentro de las estrategias de las grandes empresas, experimentando un crecimiento continuo en los últimos años. Una de las claves de este crecimiento está en que ha sabido analizar y anticiparse a las necesidades de las empresas, desarrollando aplicaciones y programas especializados para cada área de actividad, dando una respuesta específica para cada mercado.

El teléfono se centra especialmente en el ámbito del servicio de atención al cliente, gestionado por profesionales que están capacitados para dar solución a los problemas que se plantean en distintos ámbitos sociales. La venta de productos o servicios es una de las muchas aplicaciones que genera el marketing telefónico. Cada vez son más las empresas que utilizan el telemarketing para la gestión de su servicio de atención al cliente, para rentabilizar su departamento comercial, para ayudar al departamento de marketing o para realizar un trabajo de campo en un estudio de mercado.

En la actualidad, la tecnología ha permitido sofisticar enormemente esta actividad, dotándola de mayores y mejores medios, ampliando su campo de aplicaciones e incrementando su eficacia.

Para tener un departamento de telemarketing exitoso serán necesarias ciertas características:

- Tecnología: Adecuada en comunicaciones, fiabilidad, y rapidez. Con bases de datos precisas y funcionales, acompañadas lógicamente con software especializado y funcional.
- Equipo de trabajo: Se necesita un buen equipo de "televendedores", con conocimientos amplios del producto, comercialización y dotes en la promoción.
- Orden: Para personalizar adecuadamente el servicio es necesario tener orden con las peticiones, quejas o reclamaciones de los usuarios para atenderlos correctamente y que queden satisfechos.

- Rapidez: Factor clave, muchas veces al hacer consultas por teléfono, nos encontramos con canciones aburridas, trasferencias a dependencias que no corresponden a las necesidades o falta de personal; estas ineficiencias alejan a los clientes y los hacen reacios a utilizar el teléfono para comprar, consultar o averiguar en las empresas.
- Promoción: Hacer conocer el servicio de telemarketing a los usuarios, buscando demostrar la facilidad, eficiencia y comodidad para el usuario.

El E-Mail Marketing

Una de las posibles soluciones publicitarias vía Internet, es el uso de listas de correo para enviar publicidad y ofrecer productos y servicios a las personas. Es evidente que cada día los usuarios en la red mundial de información hacen un mayor y mejor uso de sus correos electrónicos, lo que genera ventajas competitivas para quienes logran utilizar dicho medio para generar ventas. Al mismo tiempo, los usuarios y posibles compradores han madurado en el uso de sus servicios de mensajería, siendo cada día más exigentes en el uso de sus servicios de e-mail y cada día más selectivos con lo que leen.

El e-mail marketing es la utilización del correo electrónico con ánimo comercial.

Se diferencia de otras herramientas de marketing "tradicional" porque:

- Permite realizar una oferta personalizada y exclusiva a cada persona a través de un medio inmediato, el e-mail.
- El coste del medio empleado, en este caso el correo electrónico, para hacer llegar la oferta es reducido. Esto significa que las compañías dejarán de estar tan supeditadas a los presupuestos preocupándose más por lo que quieren decir a sus clientes o futuros clientes y cuándo.
- Los resultados se pueden medir casi inmediatamente, como máximo dos días. Además, la capacidad de testar ofertas es casi infinita ya que se pueden introducir elementos de medida personalizados, pudiendo gestionar las campañas de una manera sencilla.

Pero si hay algo que realmente diferencia al e-mail marketing de otras herramientas del marketing es que integra el concepto de "permission marketing", que consiste en obtener el permiso expreso del cliente o futuro cliente para iniciar una relación con él. En este caso, nadie va a recibir un e-mail que no haya solicitado previamente o que no haya mostrado un interés por recibir este tipo de mensajes.

Recibir una comunicación deseada hace que ésta no sea intrusiva, siempre que se siga una de las reglas de oro de la nueva comunicación online: los envíos únicamente se realizan a aquellos receptores que así lo desean y sobre el contenido que desean. Esto aumenta la posibilidad de éxito de una campaña, y además elimina el coste de envíos inútiles y aumenta espectacularmente el retorno de inversión de sus acciones de marketing. Los resultados de las investigaciones concluyen que el 59 por 100 de las personas tiran un mensaje no solicitado sin leer frente a un 6 por 100 que lo haría si fuera un mensaje solicitado.

El Marketing Tradicional y el Marketing Moderno

En la actualidad, se están empezando a realizar distinciones entre los métodos "tradicionales" y los métodos "modernos" de marketing, como si la disciplina hubiera evolucionado hacia terrenos que invalidaran o, al menos, cuestionaran los métodos anteriores. Internet parece ser la evolución social del nuevo milenio y, para muchos, la gran revolución del presente siglo.

Uno de los principales problemas se encuentra, precisamente, en el inapropiado o poco ajustado empleo de términos que, desde la lógica empresarial, puede dar lugar a malentendidos. Cuando se habla de revolución... ¿estamos hablando de que ya nada vale?

Debemos decir que no, pero sí es cierto que con la universalización de Internet se ha producido la más importante sacudida en la forma tradicional de entender el marketing.

Internet ha provocado una considerable convulsión. Existe un creciente interés de las empresas por diseñar modelos de negocios competitivos en Internet, bien creando nuevas unidades de negocio (diversificación), bien intentando tener una presencia cada vez más significativa en la red, mediante la creación de un website (conjunto de páginas web que dependen del mismo dominio).

En este escenario competitivo tan novedoso surgen dudas sobre si la empresa se encuentra suficientemente preparada para el cambio. Y aquí hay reacciones encontradas: los hay que creen en el cambio y se renuevan, y los hay que desisten antes de intentar comprender la magnitud del cambio. En esta misma situación se encuentra el marketing. Muchos responsables no saben si recurrir a las viejas técnicas, adaptarlas, o empezar a definir cosas totalmente nuevas.

En primer lugar, debemos indicar que no es cierto que el marketing haya cambiado radicalmente. Sencillamente ha evolucionado hacia lo que siempre ha perseguido: mantener una comunicación más directa con el cliente y personalizar absolutamente su oferta de productos y servicios.

La verdadera importancia del marketing en Internet es que, definitivamente, se muestra con todo su poder. Las acciones pueden llegar a un grado tal de particularización y sofisticación que se contestan con reacciones absolutamente contundentes; no es posible planificar a medio-largo plazo, los hitos son inmediatos y tenemos que estar atentos para reaccionar con rapidez ante los acontecimientos diarios.

Pero frente a estas enormes ventajas surgen algunas cuestiones que conviene conocer. Así, en primer lugar, el marketing en Internet debe emplear todavía muchos recursos para la creación de marca aunque ya disponga de una en el mundo real. Es fundamental minimizar las resistencias de clientes que todavía son desconfiados, desconfianza hacia la red y desconfianza hacia empresas que no ven. Se trata de dar motivos suficientes para cambiar hábitos de consulta y consumo.
Los recursos empleados en crear las bases de la confianza y la diferenciación son recursos que no se concentran en una primera fase en obtener visitas, revisitas e ingresos.

Por otro lado, Internet ha permitido la evolución desde un mercado de productos a un mercado de clientes. La red ha derivado en una situación paradójica: por un lado, existe una oferta muy dispersa -de productos y servicios concretos- y a la vez una oferta genérica -los denominados portales universales-.

Un producto o servicio presenta siempre un entorno de soluciones complementarias basadas a su vez en otros productos o servicios. Por ejemplo, la compra de un coche implica la selección del mismo en un concesionario; pero más allá, el cliente potencial de ese coche está interesado en solucionar el tema de su seguro, la financiación de la compra... Todas esas soluciones complementarias que rodean al producto o servicio principal conforman el metamercado, concepto que, en el fondo, es el mercado potencial que se origina en la mente del consumidor al pensar en un determinado producto o servicio.

BIBLIOGRAFÍA

De CHIAVENATO, I. **Introducción a la gestión de ventas**. São Paulo: Makron Books, 1991.

COBRA, M. **Administración de Ventas**. 4 ª ed. São Paulo: Atlas, 1998.

COBRA, M. **Administración de Ventas** (casos, ejercicios y estrategias). São Paulo: Atlas, 1998.

GOBE, A. C. **Administración de Ventas**. São Paulo: Saraiva, 2000.

LAS CASAS, A. L. **Administración de Ventas**. 6 ª ed. São Paulo: Atlas, 2002.

Meguido, J. L. & T. Szulcsewski, C. J. **Gestión estratégica de ventas y canales de distribución**. São Paulo: Nobel, 1998.

Milioni, B. **Gestión del tiempo ventas**. Sao PauloNobel, 1998.

STANTON JR. J. L. **Administración de Ventas.** 10a ed. Río de Janeiro: LTC 2000.

EL AUTOR

Este libro ha sido escrito por Luis Antúnez Gordillo.

ISBN: 978-1503258815

www.ingramcontent.com/pod-product-compliance
Lightning Source LLC
Chambersburg PA
CBHW051709170526
45167CB00002B/598